I0797270

MISIÓN ESPACIAL

Descubre todas las curiosidades del universo

DK

Edición sénior Shaila Brown
Edición de arte sénior Smiljka Surla
Edición Jolyon Goddard, Ben Morgan
Diseño Rhys Thomas
Ilustraciones Peter Bull Art Studio, Diarmuid Ó Caithin/NB Illustration
Edición jefe Rachel Fox
Edición de arte Owen Peyton Jones
Edición de producción Dragana Puvacic
Dirección de producción Joss Moore
Diseño de cubierta Smiljka Surla, Surabhi Wadhwa
Documentación de imágenes Sumedra Chopra, Manpreet Kaur, Jo Walton
Dirección de arte Mabel Chan
Editor Andrew Macintyre
Textos Sophie Allan, Josh Barker, Isabel Thomas
Consultora Profesora Katherine Blundell OBE, Universidad de Oxford

DE LA EDICIÓN EN ESPAÑOL
Traducción Manuel Barroso
Corrección Julieta Brufman
Maquetación y composición Nieves Blamey
Coordinación editorial Lakshmi Asensio
Dirección editorial Elsa Vicente

Publicado originalmente en Gran Bretaña en 2025 por Dorling Kindersley Limited
20 Vauxhall Bridge Road, Londres SW1V 2SA
Parte de Penguin Random House

Título original: *Astronomical!*
Primera edición: Febrero 2026
Copyright © 2025 Dorling Kindersley Limited
© Traducción en español: 2026 Dorling Kindersley Limited

002–342552–Feb/2026

Reservados todos los derechos.
Queda prohibida, salvo excepción prevista en la ley,cualquier forma de reproducción, distribución,comunicación pública y transformación de esta obra sin la autorización escrita de los titulares de la propiedad intelectual.

ISBN: 979-8-2171-3554-7

Impreso y encuadernado en China
www.dkespañol.com

Este libro se ha impreso con papel certificado por el Forest Stewardship Council™ como parte del compromiso de DK por un futuro sostenible.
Para más información, visita www.dk.com/uk/information/sustainability

4 **El sistema solar**

AVISO IMPORTANTE

Mirar al sol directamente o con algún dispositivo óptico puede provocar ceguera. Los autores y el editor no pueden aceptar ninguna responsabilidad respecto a los lectores que ignoren esta advertencia.

La Tierra
Júpiter
Mercurio
Marte
Venus
Cometa
Cinturón de
asteroides
El Sol

El sistema solar

La Tierra, siete planetas más, casi 300 lunas y miles de millones de objetos más pequeños orbitan alrededor del Sol. Todos juntos, estos cuerpos celestes conforman el sistema solar. Las sondas espaciales investigan sin cesar a los más próximos a la Tierra y aportan nuevos hallazgos e imágenes asombrosas.

Nuestra estrella

DENTRO DEL SOL PODRÍAN CABER 1,3 MILLONES DE TIERRAS. Pero comparado con otras estrellas, nuestro Sol es una estrella de tamaño medio: una bola luminosa compuesta en su mayoría de hidrógeno y un poco de helio, los dos elementos más ligeros del universo. Su gravedad mantiene orbitando a su alrededor a los planetas, los asteroides y otros objetos. La luz y el calor que desprende el Sol son los que hacen posible la vida en la Tierra.

El Sol desprende en una **MILLONÉSIMA DE SEGUNDO** más energía de la que consumimos durante un año **TODOS LOS HABITANTES DE LA TIERRA.**

La estrella más grande que se conoce en el universo, la UY Scuti, podría albergar en su interior **CINCO MIL MILLONES DE SOLES.**

El Sol emite chorros de gas llamados **protuberancias**.

DENTRO DEL SOL

Zona radiativa

Núcleo denso

Zona convectiva

El denso núcleo del Sol es como un horno nuclear que produce toda la energía. Esta energía se desplaza lentamente por toda la zona radiativa. En la zona convectiva, las burbujas de gas caliente se elevan hasta la superficie, se enfrían y luego vuelven a descender hacia el núcleo. La energía del Sol puede tardar más de 100 000 años en viajar desde el núcleo hasta la zona convectiva.

El Observatorio de Dinámica Solar de la NASA tomó esta imagen ultravioleta (luego coloreada) del **Sol**. Muestra los chorros de gas eyectados hacia el espacio. Estas protuberancias son más grandes que la Tierra.

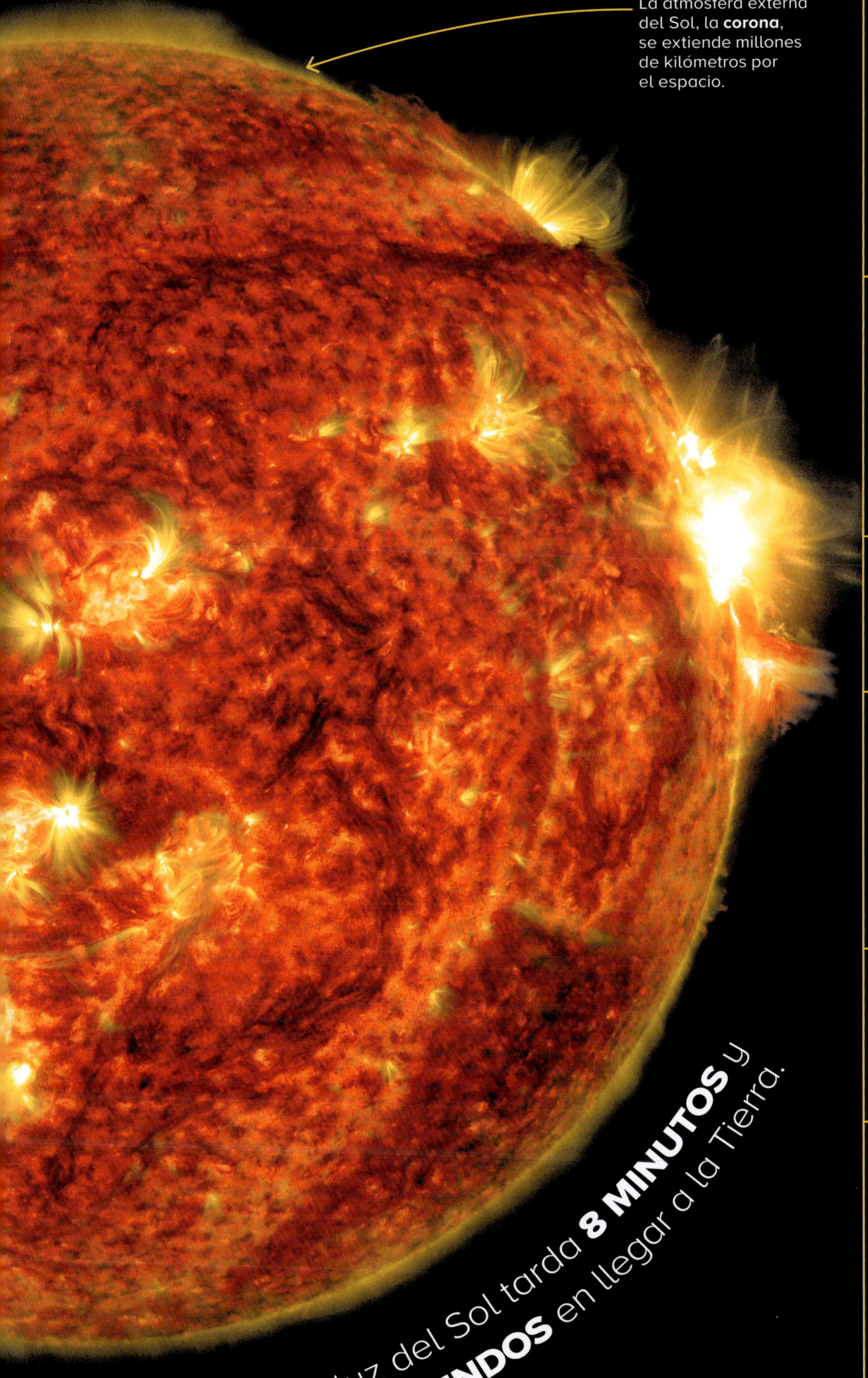

La atmósfera externa del Sol, la **corona**, se extiende millones de kilómetros por el espacio.

La luz del Sol tarda **8 MINUTOS** y **20 SEGUNDOS** en llegar a la Tierra.

DIÁMETRO

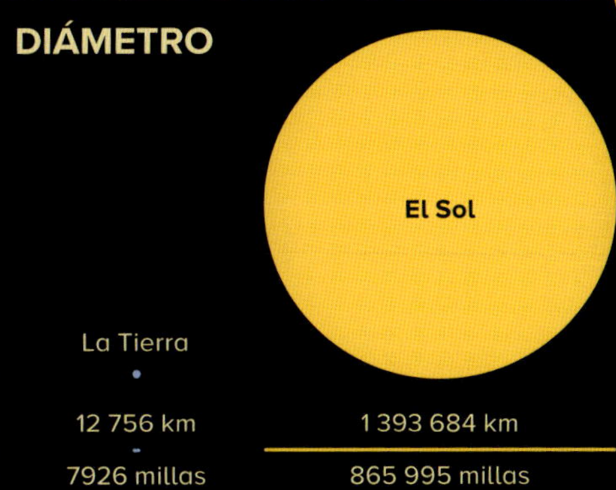

TEMPERATURA

TEMPERATURA EN LA SUPERFICIE

5500 °C (9930 °F)

TEMPERATURA DEL NÚCLEO

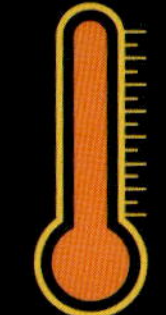

15 millones °C
(27 millones °F)

DISTANCIA DESDE LA TIERRA

150 millones de km
(93 millones de millas)

EDAD

El Sol se formó hace unos 4600 millones de años a partir de una enorme nube de polvo y gas llamada nebulosa; de los restos surgieron los planetas de nuestro sistema solar.

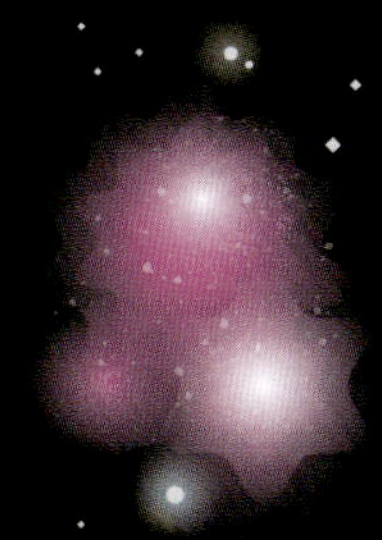

MASA

El Sol

El Sol constituye el 99,8 % del total de la masa del sistema solar.

MUERTE DEL SOL

Cuando el Sol se quede sin combustible en unos cinco mil millones de años, se convertirá en un gigante rojo que se tragará a Mercurio y a Venus. Después, explotarán sus capas externas dejando solo un núcleo conocido como enana blanca, que se acabará consumiendo.

Enana blanca

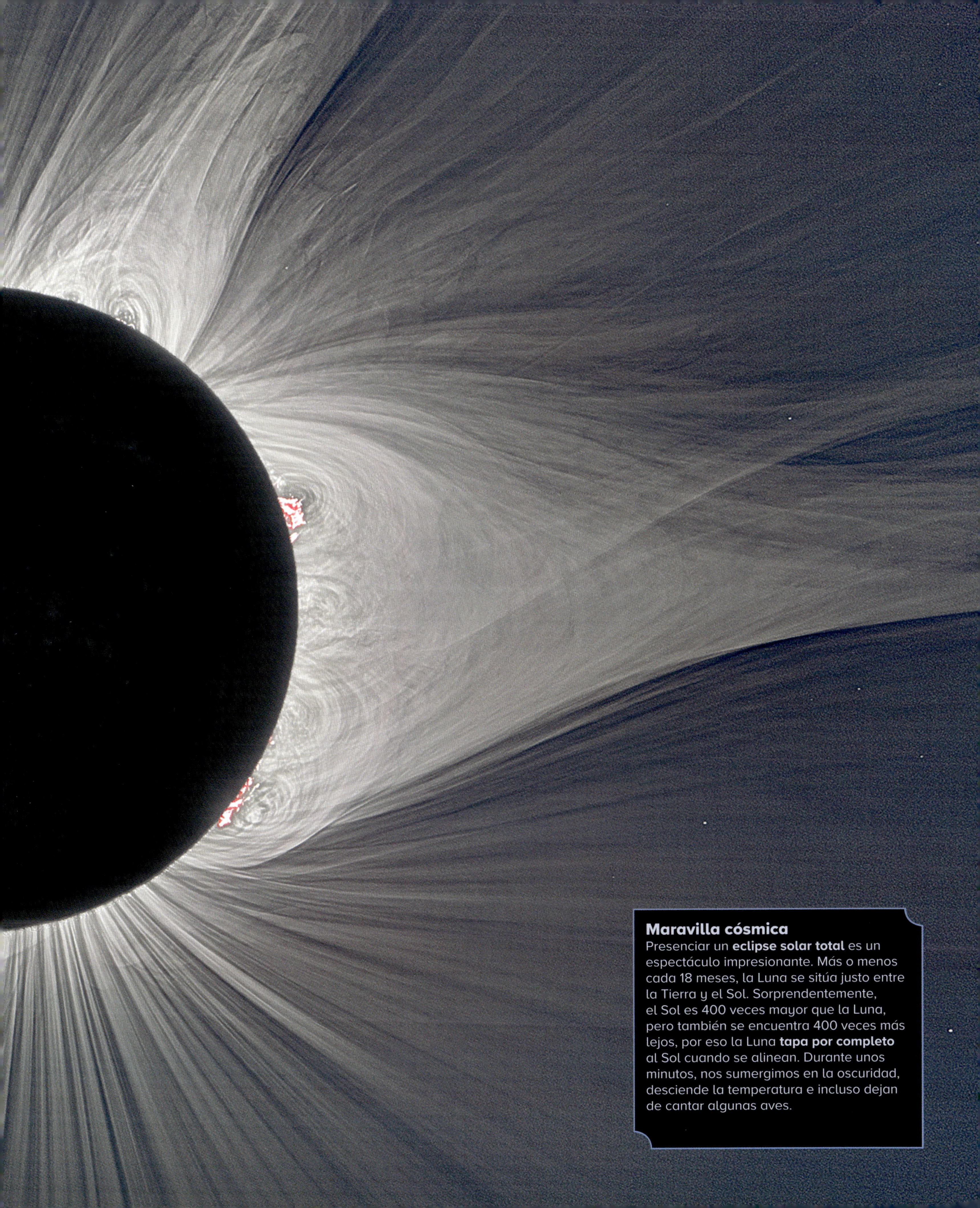

Maravilla cósmica

Presenciar un **eclipse solar total** es un espectáculo impresionante. Más o menos cada 18 meses, la Luna se sitúa justo entre la Tierra y el Sol. Sorprendentemente, el Sol es 400 veces mayor que la Luna, pero también se encuentra 400 veces más lejos, por eso la Luna **tapa por completo** al Sol cuando se alinean. Durante unos minutos, nos sumergimos en la oscuridad, desciende la temperatura e incluso dejan de cantar algunas aves.

FECHA DE LANZAMIENTO

12 de agosto de 2018

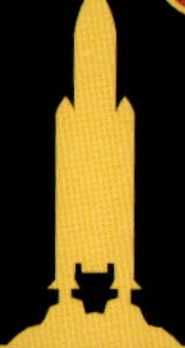

DURACIÓN DE LA MISIÓN

La misión está en marcha hasta 2025. La sonda solar Parker orbitará alrededor del Sol 24 veces en total, y tardará 88 días en completar cada una de las órbitas.

ROMPE RÉCORDS

La sonda se acercará a 6,2 millones de km (3,9 millones de millas) del Sol. Es siete veces más cerca que los récords anteriores, alcanzados por dos sondas Helios de la NASA, lanzadas en 1974 y 1976 respectivamente.

VELOCIDAD MÁXIMA

200 km

(125 millas) por segundo

PARASOL

El escudo térmico protege a los instrumentos del Sol. Se mantienen frescos a 29,5 °C (85 °F), mientras que la temperatura de la corona está a unos tórridos 1,2 millones de grados centígrados (2 millones de grados Farenheit).

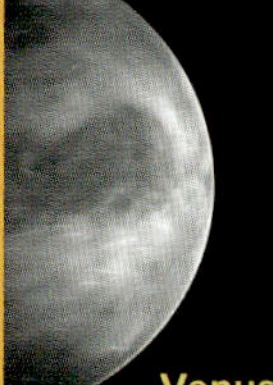
Venus

NUEVOS HALLAZGOS

La sonda de la NASA ha tomado imágenes de cometas y, por primera vez, de la superficie de Venus en longitudes de ondas visibles.

CIENTÍFICO SOLAR

La sonda se llama así en honor al científico estadounidense Eugene Parker. En los años 50 del siglo XX, Parker predijo la existencia del viento solar y de la estructura en espiral del campo magnético del Sol, ahora llamado espiral de Parker.

Explorador solar

LA SONDA SOLAR PARKER ES EL OBJETO MÁS RÁPIDO FABRICADO POR EL HOMBRE. También es la primera nave espacial capaz de atravesar volando la atmósfera exterior del Sol, la corona, y la primera en captar imágenes que nunca se habían visto del Sol. El tamaño de la sonda, que funciona con energía solar, no es mayor que el de un coche pequeño y es capaz de soportar la lacerante temperatura del Sol y sus interminables radiaciones y erupciones solares. La información recabada en la misión ayudará a los científicos a entender cómo afecta el Sol al tiempo meteorológico espacial y su impacto en la Tierra.

LA SONDA SOLAR PARKER se acerca todo lo que puede al Sol, como se ve en esta ilustración. Su escudo térmico protege a la sonda de la intensa radiación solar.

Este es uno de los tres **magnetómetros** que se usan para medir el campo magnético del Sol.

A **MÁXIMA VELOCIDAD**, la sonda podría viajar de **Nueva York** a **TOKIO** en menos de un minuto.

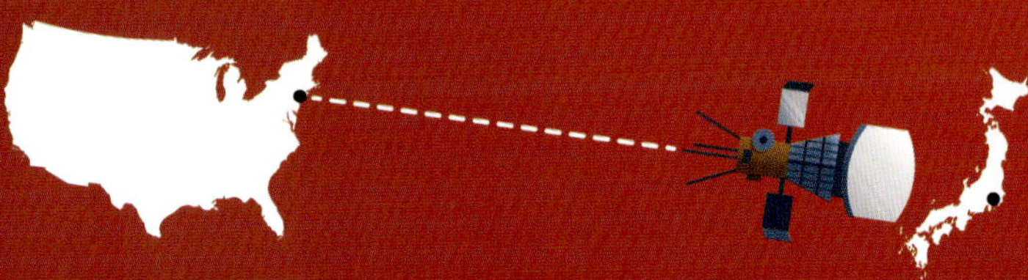

El **instrumental científico** está situado detrás del escudo térmico.

El **escudo térmico** de carbono de 11,5 cm de ancho (4,5 in) siempre está orientado hacia el Sol.

Las **antenas** delanteras trabajan con el magnetómetro de la parte posterior para medir los campos magnéticos y eléctricos que rodean al Sol.

TOCAR EL SOL

En 2021, la astronave atravesó la corona del Sol y marcó un hito: la primera vez que una sonda tocaba el Sol. Esta ilustración muestra a la sonda atravesando la corona, recopilando información del viento solar y las causas del intenso calor de la corona.

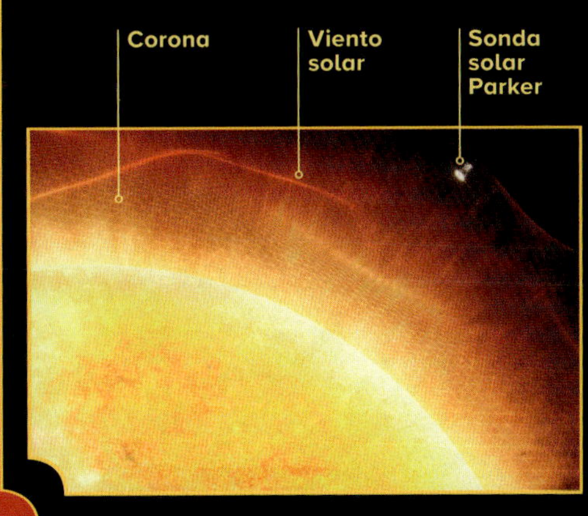

La comunidad científica pasó 60 años desarrollando la tecnología necesaria para construir la **SONDA SOLAR PARKER**.

Ver el Sol

La luz que vemos procedente del **Sol** se llama luz visible. Sin embargo, el Sol también emite luz en **longitudes de onda** que no podemos ver. Los científicos pueden estudiar características del Sol en detalle utilizando distintas longitudes de onda. Este patrón muestra un segmento naranja del Sol con luz visible (en la parte derecha de la página anterior) seguido de nueve segmentos de longitudes de onda en falso color ultravioleta, hasta que se repite el patrón.

Algunas de las cavidades tienen hasta 1600 m (5250 ft) de diámetro.

MESSENGER

Entre 2011 y 2015, la nave MESSENGER de la NASA cartografió el 99 % de la superficie de Mercurio. Descubrió unos accidentes llamados cavidades en algunos de los cráteres, que indican que, en algún momento, Mercurio fue un planeta activo. También descubrió que pudo albergar agua congelada en las regiones polares y unas rocas anormalmente oscuras en la superficie, que podrían estar hechas de grafito (carbono).

Mercurio está lleno de **crestas y grietas**, como resultado del enfriamiento y la contracción del planeta.

Un mundo de cráteres

MERCURIO ES EL PLANETA MÁS RÁPIDO DEL SISTEMA SOLAR. Orbita alrededor del Sol a una velocidad de 47 km (29 millas) por segundo, lo que lo convierte en el año más corto de los planetas del sistema solar. Solo un poquitín más grande que la Luna de la Tierra, es el planeta más pequeño y cuenta con las temperaturas más extremas; abrasadoras de día y glaciales de noche. Los meteoritos y los cometas han golpeado con fuerza a Mercurio durante millones de años, creando un mundo rocoso y lleno de marcas.

MERCURIO gira tan lentamente que un día de este planeta equivale a **59 días terrestres**.

Los científicos creen que existe **AGUA CONGELADA** en el fondo de los cráteres oscuros de Mercurio, donde no llega la luz del Sol.

MERCURIO es un planeta gris; los colores que aparecen aquí representan las **diferencias químicas** que ayudan a los científicos a deducir la composición de las rocas de Mercurio.

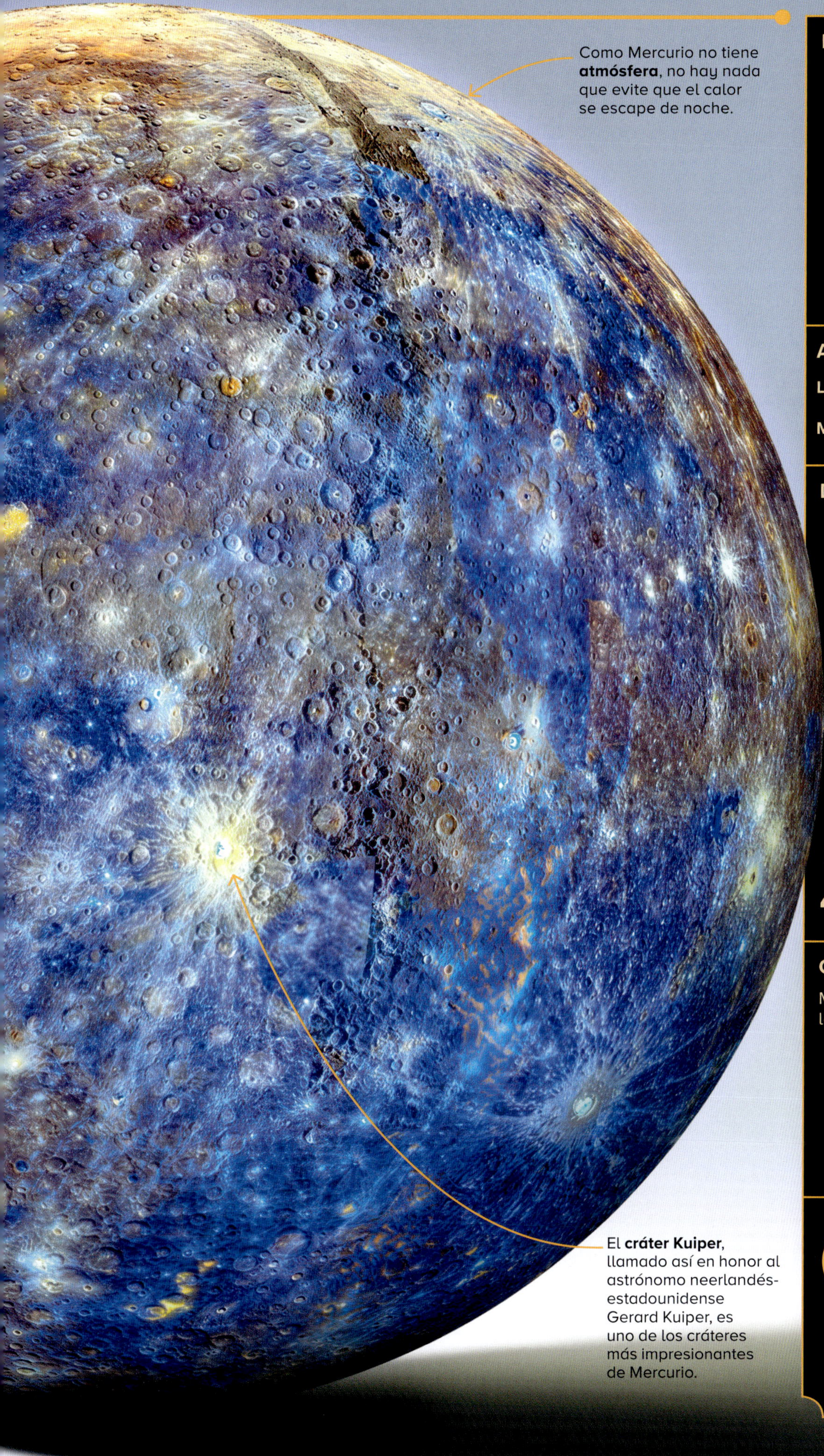

Como Mercurio no tiene **atmósfera**, no hay nada que evite que el calor se escape de noche.

El **cráter Kuiper**, llamado así en honor al astrónomo neerlandés-estadounidense Gerard Kuiper, es uno de los cráteres más impresionantes de Mercurio.

DIÁMETRO

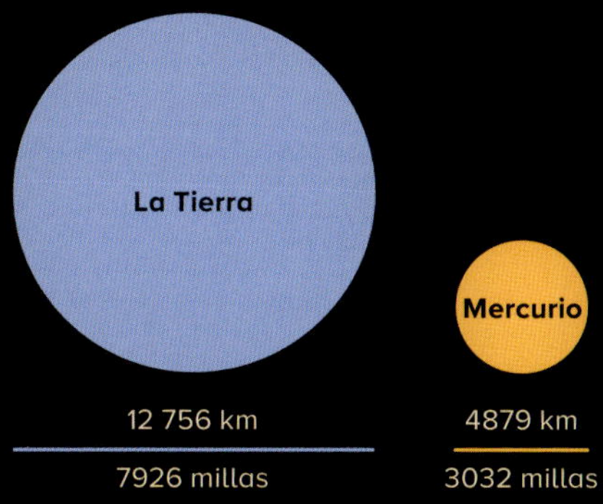

	La Tierra	Mercurio
km	12 756 km	4879 km
millas	7926 millas	3032 millas

AÑO

LA TIERRA 365 días

MERCURIO 88 días terrestres

DÍA

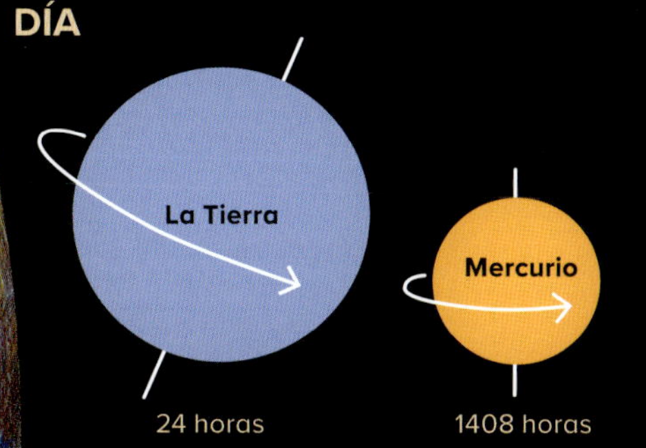

TEMPERATURA

TEMPERATURA MÍNIMA

-180 °C (-290 °F)

TEMPERATURA MÁXIMA

430 °C (800 °F)

ÓRBITA

Mercurio posee la órbita menos circular de los planetas del sistema solar.

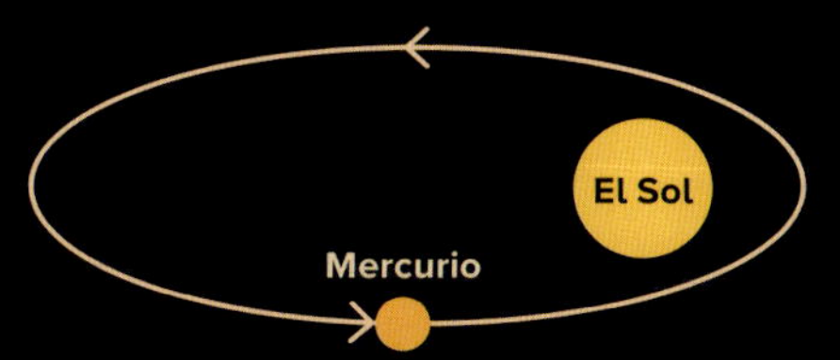

Lunas
Mercurio no tiene lunas; su gravedad es demasiado débil y está demasiado cerca del Sol.

La fuerza gravitatoria del Sol es tan potente que una luna acabaría estrellándose contra él.

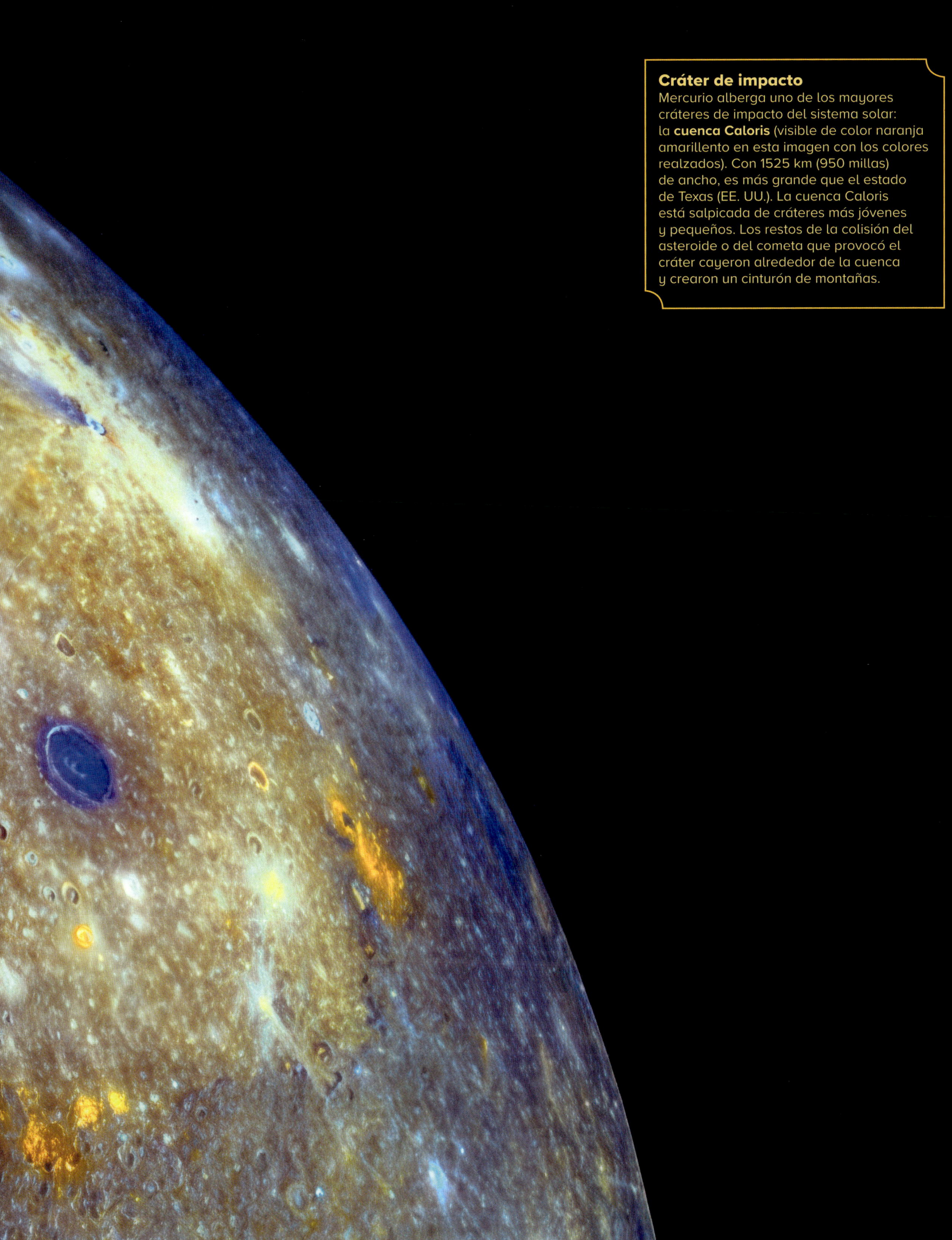

Cráter de impacto
Mercurio alberga uno de los mayores cráteres de impacto del sistema solar: la **cuenca Caloris** (visible de color naranja amarillento en esta imagen con los colores realzados). Con 1525 km (950 millas) de ancho, es más grande que el estado de Texas (EE. UU.). La cuenca Caloris está salpicada de cráteres más jóvenes y pequeños. Los restos de la colisión del asteroide o del cometa que provocó el cráter cayeron alrededor de la cuenca y crearon un cinturón de montañas.

Misión a Mercurio

MERCURIO ES EL PLANETA MÁS CERCANO AL SOL. Para estudiarlo detalle, en 2018 se lanzó la astronave europeo-japonesa BepiColombo a un viaje a Mercurio de 7 años de duración. Cuando llegue, en 2025, sus dos orbitadores recabarán información desde distintos puntos de vista. Los orbitadores cartografiarán por completo la superficie de Mercurio y también estudiarán el interior y el campo magnético del planeta.

Para soportar las temperaturas de más de 350 °C (660 °F) de la cara orientada al Sol, BepiColombo cuenta con la protección de una cubierta con más de **50 capas de aislamiento**.

Los **cuatro propulsores iónicos solares-eléctricos** impulsan la astronave.

LA NAVE ESPACIAL
BepiColombo se compone de tres partes principales. Antes de entrar en la órbita de Mercurio, se eyecta el Módulo de Transferencia a Mercurio, mientras que los otros dos orbitadores se separarán una vez entren en esa misma órbita.

1 Módulo de Transferencia a Mercurio
Este módulo lleva a BepiColombo a Mercurio y después es eyectado.

Este **conjunto de paneles solares** rota continuamente para orientarse hacia el Sol. Suministra energía al Orbitador Planetario y también ayuda a regular la temperatura del orbitador.

BEPICOLOMBO llegará a Mercurio en 2025. En cuanto entre en la órbita de Mercurio, comenzará una misión de un año de duración consistente en recabar información. Lo que vemos aquí es una impresión artística de la astronave sin desplegar.

Este **conjunto de paneles solares** proporciona potencia durante el viaje de BepiColombo a Mercurio.

BEPICOLOMBO orbitará alrededor del Sol 18 veces antes de llegar a **LA ÓRBITA DE MERCURIO.**

Los **VUELOS DE RECONOCIMIENTO** de la astronave le permiten reducir su velocidad a 7 km (4 millas) por segundo.

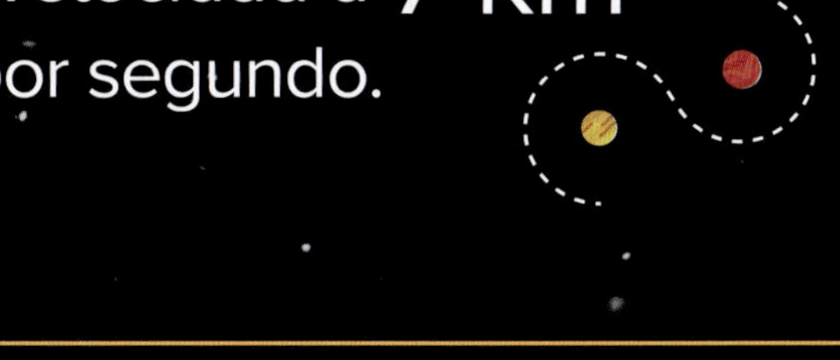

2 Orbitador Planetario Mercurio
El Orbitador Planetario estudiará la superficie y el interior de Mercurio.

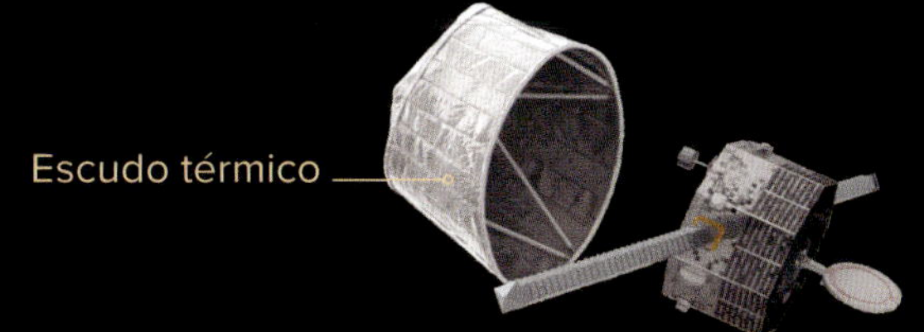

3 Orbitador Magnetosférico Mercurio
Este orbitador estudiará el campo magnético de Mercurio. El escudo térmico se eyectará en cuanto entre en la órbita de Mercurio.

FECHA DE LANZAMIENTO

20 de octubre de 2018

VUELOS DE RECONOCIMIENTO

BepiColombo recorrerá 8500 millones de km (5300 millones de millas) y llegará al planeta en 2025. El trayecto incluye nueve vuelos de reconocimiento: uno a la Tierra, dos a Venus y seis a Mercurio.

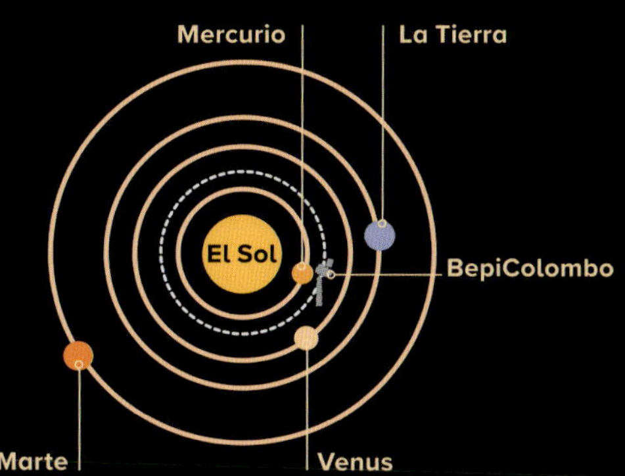

LO MÁS CERCA QUE ESTARÁ EL ORBITADOR PLANETARIO DE LA SUPERFICIE DE MERCURIO

480 km (298 millas)

MESSENGER

La primera nave espacial que orbitó alrededor de Mercurio fue la MESSENGER de la NASA. Estudió Mercurio entre 2011 y 2015, orbitó 4100 veces alrededor del planeta y tomó casi 300 000 imágenes. La información recopilada por el MESSENGER reveló que Mercurio se había encogido unos 7 km (4 millas) desde su formación hace 4600 millones de años.

BEPI

La astronave recibe su nombre del profesor italiano Giuseppe (Bepi) Colombo, quien en 1970 calculó de manera correcta cómo hacer llegar una nave a la órbita de Mercurio.

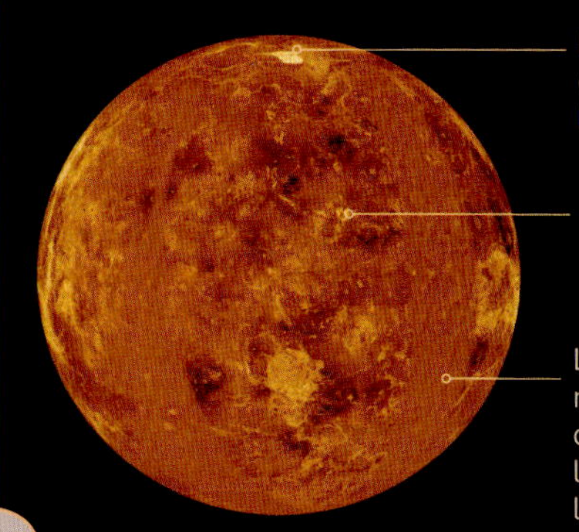

BAJO LAS NUBES

La imagen de Venus que vemos aquí se creó con información enviada a la Tierra por la astronave Magallanes de la NASA. Muestra lo que hay por debajo de las nubes: montañas, un sinfín de volcanes y una superficie relativamente lisa a diferencia de los demás planetas rocosos.

Planeta letal

NO SE PUEDE SOBREVIVIR EN VENUS. Su tamaño y su estructura son parecidos a los de la Tierra y tiene montañas y volcanes. Los científicos creen que en algún momento Venus pudo albergar agua líquida. Pero Venus también cuenta con nubes densas de ácido sulfúrico, que es letal, y su atmósfera tóxica de dióxido de carbono atrapa el calor del Sol y convierte a Venus en el planeta más cálido del sistema solar.

La atmósfera de Venus es **100 VECES MÁS DENSA** que la de la Tierra.

La astronave Venera 13 ostenta el récord de supervivencia en Venus: **127 MINUTOS** antes de que la aplastara su atmósfera.

Venus solo tiene **CRÁTERES INMENSOS** en su superficie; los meteoritos más pequeños se queman en su **DENSA ATMÓSFERA**.

La superficie de **VENUS** siempre está recubierta de nubes densas y en espiral. Pueden verse en esta imagen tomada por el orbitador japonés Akatsuki, que revela el turbulento modelo meteorológico del planeta.

Las **nubes** de Venus se extienden entre 30 y 90 km (entre 20 y 55 millas) por encima de su superficie.

DIÁMETRO

La Tierra — 12 756 km / 7926 millas

Venus — 12 104 km / 7520 millas

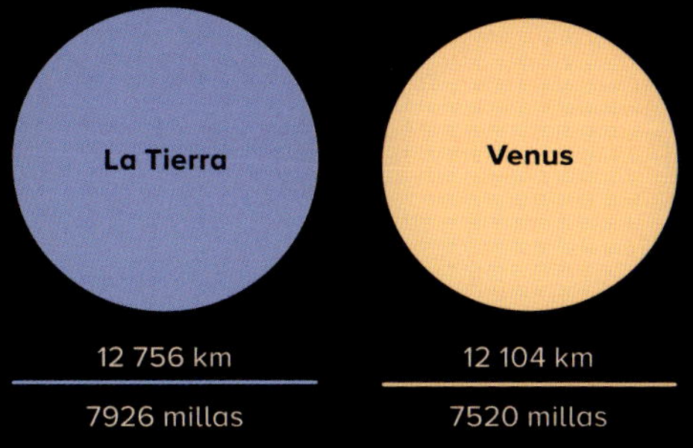

AÑO

LA TIERRA **365 días**

VENUS **225 días terrestres**

DÍA

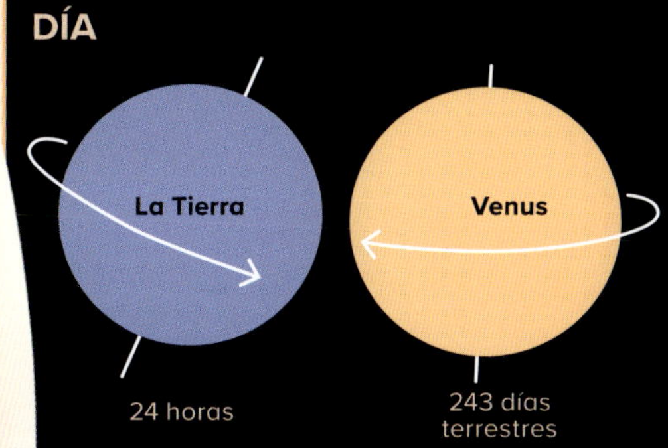

LA ROTACIÓN MÁS LENTA

Venus tiene una rotación más lenta que cualquier otro planeta del sistema solar; un día en Venus dura más que su año, que consta de unos 225 días terrestres.

TEMPERATURA MEDIA DE LA SUPERFICIE

470 °C (880 °F)

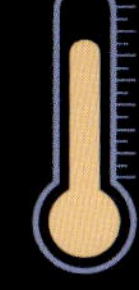

CÚPULAS TORTITA

A diferencia de la Tierra, los volcanes de Venus no son superexplosivos, con lo que la lava fluye lenta y se empieza a amontonar creando formas redondas llamadas cúpulas tortita. Es una característica única de Venus.

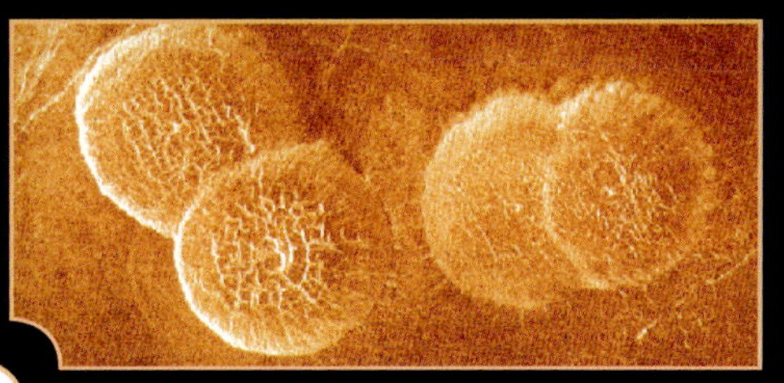

Al estar envuelta en una capa de nubes, solo se filtra a la superficie del planeta **el 10 %** de la luz solar.

Planeta feroz

En Venus hay unos **1600 volcanes**, más que en cualquier otro planeta del sistema solar. En 2023, los científicos que observaban las imágenes de radar de la misión Magallanes de la NASA descubrieron que salía lava del **Maat Mons**, el volcán más grande de Venus.

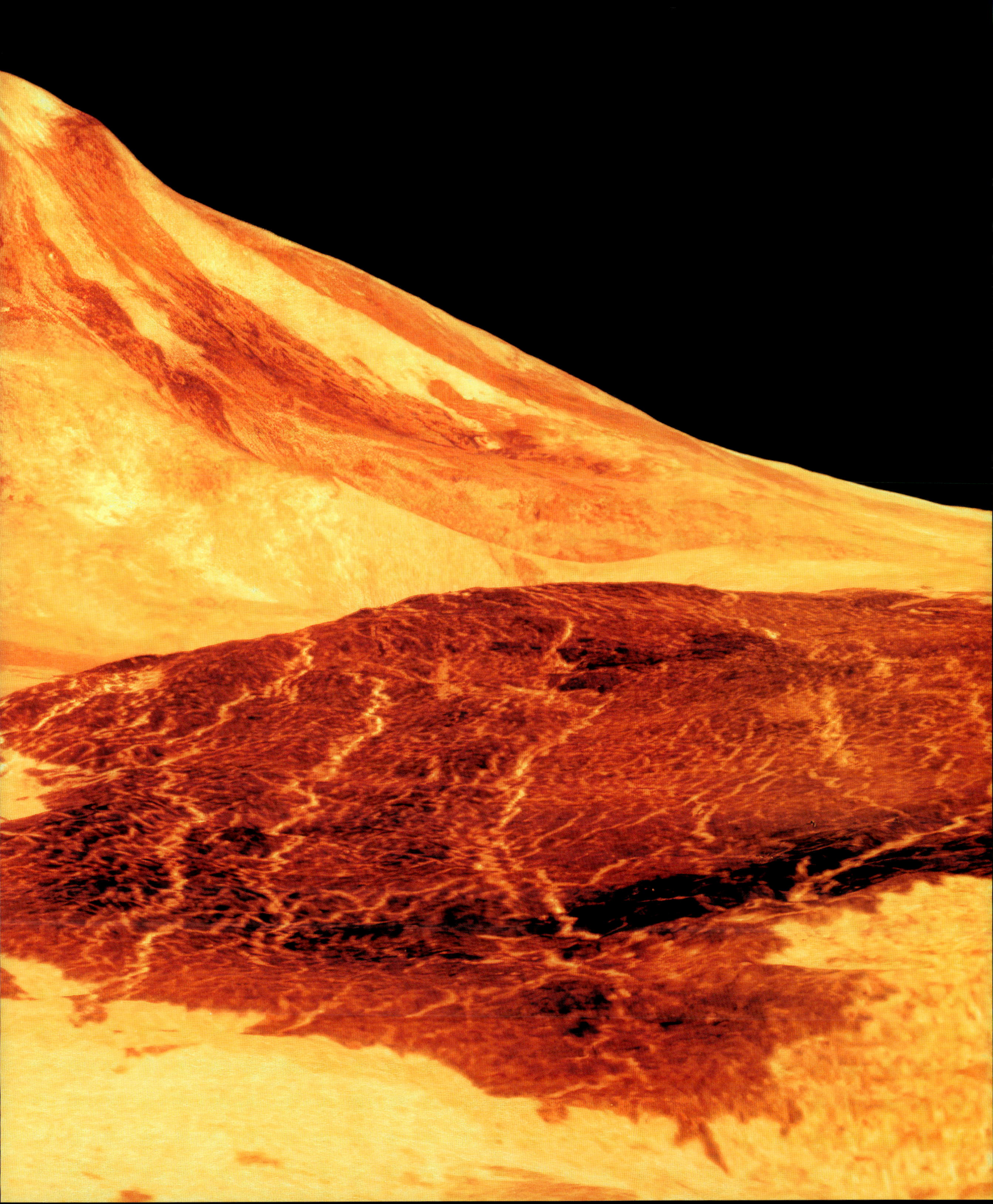

LAS CAPAS DE LA TIERRA

La Tierra se formó hace unos 4600 millones de años. Durante millones de años fue una masa de líquido ardiente. Cuando se empezó a enfriar, se separó en las capas que vemos actualmente. A mayor profundidad, más caliente está la capa; el núcleo interno, a unos 6000 °C (10 800 °F), está por lo menos tan caliente como la superficie del Sol.

La densa atmósfera de la Tierra contiene **nubes y agua.**

Planeta vivo

LA TIERRA ES UN PLANETA ÚNICO. Todo lo que tiene nuestro planeta lo convierte en el lugar perfecto para el desarrollo de la vida tal y como la conocemos. La Tierra es el único planeta que conocemos cuya superficie contiene agua líquida. Se halla en la zona habitable del sistema solar —a menudo denominada Ricitos de Oro— donde las condiciones son las adecuadas: ni demasiado calor ni demasiado frío para que exista agua líquida. Nuestro planeta también cuenta con una atmósfera con oxígeno, y su campo magnético nos protege de las radiaciones nocivas.

Algunos animales utilizan el campo magnético de la Tierra para **ORIENTARSE** cuando migran largas distancias.

Cerca del **71 %** de la superficie de la Tierra está cubierta de agua.

Los **DÍAS** en la Tierra se hacen poco a poco más largos a medida que la Luna se aleja lentamente de ella.

En esta preciosa imagen a 700 km por encima de **LA TIERRA**, captada por el MODIS, un dispositivo de detección remoto del satélite Terra de la NASA, pueden observarse los continentes, los océanos y los patrones climatológicos de la Tierra.

La masa terrestre consta de continentes que se componen de **rocas antiguas**, algunas de las cuales son casi tan viejas como la propia Tierra.

DIÁMETRO

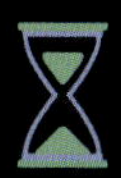

La Tierra

12 756 km

7926 millas

AÑO

LA TIERRA **365 días**

DÍA

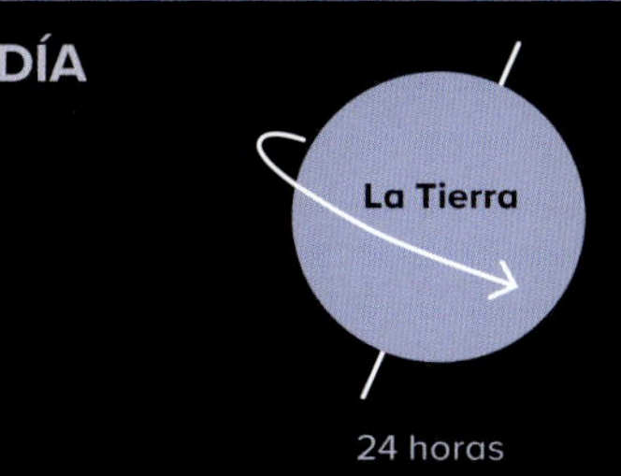

24 horas

TEMPERATURA

TEMPERATURA MÍNIMA DE LA SUPERFICIE

-89 °C (-128 °F)

TEMPERATURA MÁXIMA DE LA SUPERFICIE

57 °C (135 °F)

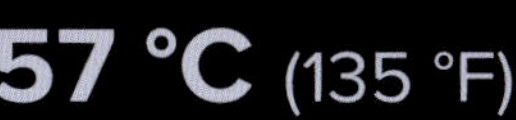

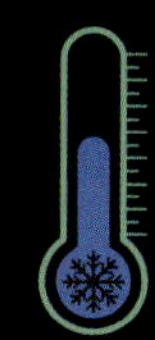

ATMÓSFERA

La atmósfera se compone de nitrógeno (78 %), oxígeno (21 %) y pequeñas cantidades de otros gases, entre ellos el argón y el dióxido de carbono (poco menos del 1 %).

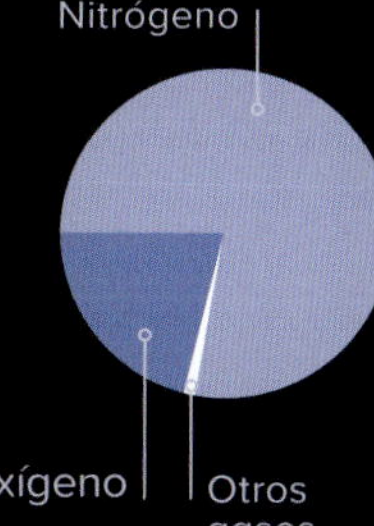

AGUA

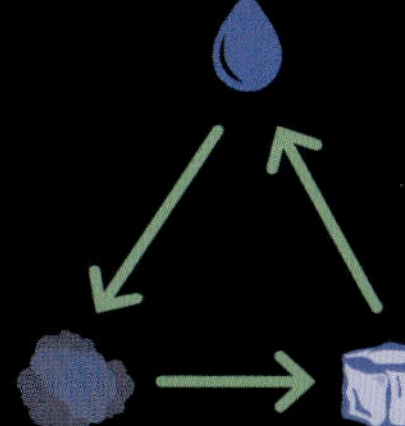

La Tierra es el único planeta que tiene agua en su superficie en forma gaseosa, líquida y sólida (hielo).

PLACAS TECTÓNICAS

La corteza terrestre se divide en placas tectónicas. Cuando se rozan entre ellas, tienen lugar los terremotos.

DESIERTOS

Los desiertos son los hábitats más secos de la Tierra; allí la lluvia escasea. Desde el espacio, pueden parecer faltos de vida, como en esta imagen de satélite de arena y rocas expuestas (zonas oscuras) del Sáhara. Sin embargo, hay muchos organismos que se han adaptado para sobrevivir aquí almacenando el agua de lluvia estacional, soportando los periodos de sequía o recogiendo agua de fuentes inesperadas, como el rocío y la niebla.

Los científicos calculan que **la Tierra** alberga más de **8 MILLONES DE ESPECIES** de plantas y de animales.

DELTA DEL RÍO

El papel esencial del agua para la vida de los organismos es evidente en el delta del río Okavango (Botsuana). Todos los años, las lluvias estacionales y las inundaciones transforman este árido desierto en una exuberante extensión de llanuras frondosas y de lagunas, que atraen rebaños de animales, como estos elefantes africanos.

ANTÁRTIDA

Los polos helados también son desiertos, con su agua recluida en forma de hielo. Pero incluso en la Antártida florecen algunas formas de vida. Las colonias de pingüinos emperador pueden llegar a ser tan numerosas que son visibles desde los satélites espaciales.

VIDA URBANA

Hacia 2050, más del 68 % de la población mundial vivirá en áreas urbanas. Cuidades como Barcelona (España), que vemos aquí con su característica disposición en cuadrículas, afrontan restricciones de agua estacionales.

BANCALES DE ARROZ

El ser humano ha trastornado el ciclo del agua en muchas zonas del planeta. Aproximadamente el 70 % del agua corriente se usa para las cosechas de regadío. Entre ellas el arroz, que crece en campos inundados llamados arrozales, es el cultivo más intensivo en el uso de agua.

BOSQUES TROPICALES

El bosque tropical del Amazonas recibe 3 m (10 ft) de agua de lluvia al año, lo que ayuda a convertirlo en uno de los hábitats más biológicamente variados del mundo. Casi 400 000 millones de árboles crecen en su clima cálido y húmedo. Cada árbol sirve de fuente de comida y cobijo para muchas otras especies.

OCÉANOS

En torno al 70 % de la superficie de la Tierra está cubierta de agua, que sustenta al 90 % de sus seres vivos. Aunque la mayor parte de la biodiversidad marina es invisible desde la superficie, las manadas de ballenas jorobadas nos recuerdan las enormes cadenas tróficas que subyacen bajo la superficie.

La vida en la Tierra

EL AGUA ES LA FUENTE DE TODA LA VIDA EN LA TIERRA. Desde los microorganismos hasta los árboles más altos, todos comparten la dependencia del agua. Durante los últimos 4000 millones de años, la espectacular gama de organismos vivos de la Tierra ha remodelado a fondo el planeta y ha cambiado su aspecto incluso desde el espacio.

Fuerza destructora

El planeta Tierra alberga las tormentas tropicales más destructivas: **los huracanes**. Estas tormentas liberan la misma energía que **10 000 bombas atómicas**. Se forman por encima de los océanos cálidos y alcanzan velocidades de hasta 248 km/h (155 mph). Alrededor del plácido ojo del huracán, se forman gigantescas bandas en espiral de nubes de lluvia afectadas por la rotación de la Tierra. A medida que se aproximan a tierra firme, los **vientos, las lluvias torrenciales y las marejadas ciclónicas** destrozan las zonas costeras.

Las auroras también aparecen **durante el día**, pero son **DEMASIADO TENUES** para que podamos verlas con el brillo de la luz del sol.

UNA AURORA BOREAL resplandece sobre el lago Myvatn en Islandia. Durante un instante fugaz, los rayos convergen y crean un espectáculo de luz estructurada conocido como corona aurora.

Una aurora puede tener una extensión de hasta **650 km** (400 millas) por encima de la superficie de la Tierra.

Baile de luces

LAS AURORAS SON LA EXHIBICIÓN MÁS ESPECTACULAR QUE EXISTE DE LUZ NATURAL. Verdes, a veces rosas, rojas y violetas, ejecutan su baile en el cielo durante unos minutos o incluso horas. Comunidades primitivas de Alaska y Canadá las percibían como almas en danza, que titilaban en el cielo, y en Finlandia existía la creencia de que eran las colas de los zorros de fuego.

La mayor parte de la luz se genera a unos **100 km** (60 millas) por encima de la Tierra.

ANILLOS DE LUCES

Las auroras que se crean en el Polo Norte se llaman auroras boreales y a las del Polo Sur se las conoce como auroras australes.

COLORES DE LA AURORA

Los colores de una aurora dependen del tipo de partículas de gas de la atmósfera de la Tierra y de la altitud a la que las partículas cargadas que proceden del Sol chocan contra ellas.

VERDE
El verde, el color más habitual con diferencia, se produce por la colisión de las partículas solares con moléculas de oxígeno a una altitud de entre 100 y 300 km (entre 60 y 180 millas).

ROSA
Los destellos rosados suceden cuando las partículas solares chocan contra moléculas de hidrógeno de la atmósfera de la Tierra a unos 100 km (60 millas).

AZUL Y VIOLETA
Estos colores son menos habituales. Se producen cuando las partículas solares chocan contra el nitrógeno a unos 100 km (60 millas) o menos.

ENCENDIENDO EL ESPECTÁCULO DE LUCES

La Tierra está protegida por su campo magnético, que desvía las nocivas partículas con carga eléctrica del Sol. Pero algunas partículas solares son dirigidas hacia los polos magnéticos de la Tierra, chocan contra las partículas de gas de la atmósfera y liberan energía en forma de patrones de luz en el cielo.

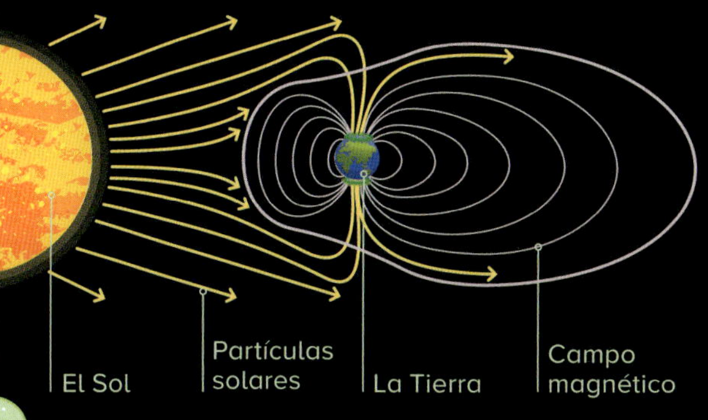

Las partículas solares que generan las auroras viajan a velocidades de hasta **1000 KM** (620 millas) por segundo.

AURORAS ESPACIALES

Son auroras de otros planetas que tienen una atmósfera y un campo magnético.

Júpiter

Neptuno

ASIENTO PRIVILEGIADO

Los astronautas a bordo de la Estación Espacial Internacional (EEI) gozan de una vista exclusiva de las auroras, pues las contemplan en forma de arcos brillantes que se estiran por toda la atmósfera.

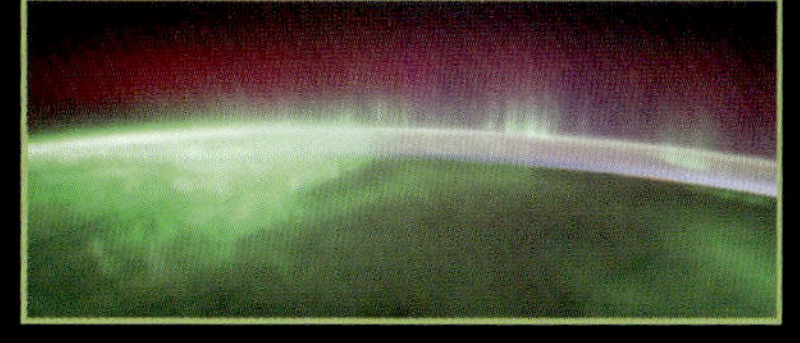

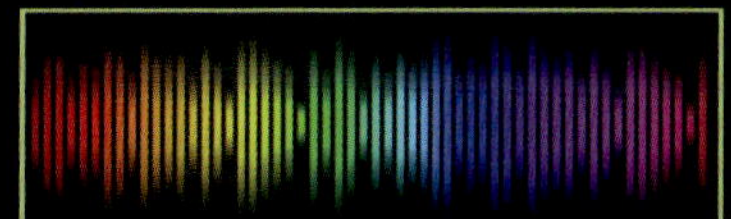

MÚSICA NOCTURNA

Investigadores finlandeses han descubierto que, si se dan ciertas condiciones meteorológicas, las auroras emiten sonidos; un 5 % de ellas producen zumbidos, chasquidos y sonidos como de palmadas.

DESCUBRIMIENTO

En 1896, el científico noruego Kristian Birkeland fue la primera persona en describir causaba las luces brillantes ahora conocidas como auroras. Pero se tardó otros 60 años en demostrar que tenía razón.

Columbus (ESA)
Harmony (NASA/ESA)
Kibō (JAXA)
Nauka (Roscosmos)
Unity (NASA)
Zarya (Roscosmos)

TRABAJO EN EQUIPO

La construcción de la EEI conllevó el trabajo en equipo de cinco agencias espaciales nacionales de EE. UU., Rusia, Canadá, Europa y Japón. Ahora la aeronave consta de 43 módulos, que se lanzaron desde la Tierra en cohetes y se acoplaron en el espacio. El papel que desempeña cada módulo va desde zonas de almacenamiento hasta laboratorios.

Hogar cósmico

LA ESTACIÓN ESPACIAL INTERNACIONAL (EEI) ES LA ASTRONAVE MÁS GRANDE JAMÁS CONSTRUIDA. Fueron necesarias más de 40 misiones y 10 años para ensamblar los módulos en el espacio. Orbita a unos 400 km (250 millas) por encima de la superficie de la Tierra. Desde su lanzamiento en 1998, han visitado la estación espacial más de 280 astronautas y han llevado a cabo experimentos científicos diseñados para mejorar nuestra capacidad de supervivencia en el espacio y para montar bases permanentes en otros planetas.

La EEI funciona con **paneles solares** que convierten la luz del sol en electricidad. Estos paneles rotan para estar siempre orientados hacia el sol.

LA EEI es el segundo objeto más brillante del cielo nocturno después de la Luna. Si sabes dónde mirar, puedes verla de noche; es un punto de luz brillante que se mueve rápido por el cielo.

FECHA DE LANZAMIENTO

El primer módulo se lanzó

el 20 de noviembre de 1998,

y, una vez añadidas varias secciones, los primeros tripulantes llegaron

el 2 de noviembre del 2000.

TAMAÑO

La EEI mide

108 m (354 ft) de largo y **74 m** (243 ft) de ancho, más o menos la longitud de un estadio de fútbol.

PERÍODO ORBITAL

La EEI tarda unos 93 minutos en orbitar alrededor de la Tierra.

PASEOS ESPACIALES

Los astronautas de la EEI han efectuado más de 270 paseos espaciales; un cable retráctil de acero trenzado de 26 m mantiene a los astronautas conectados a la EEI mientras llevan a cabo reparaciones.

Al orbitar la Tierra a una **velocidad** de unos **8 km** (5 millas) por segundo, los astronautas ven cada día 16 amaneceres y 16 atardeceres.

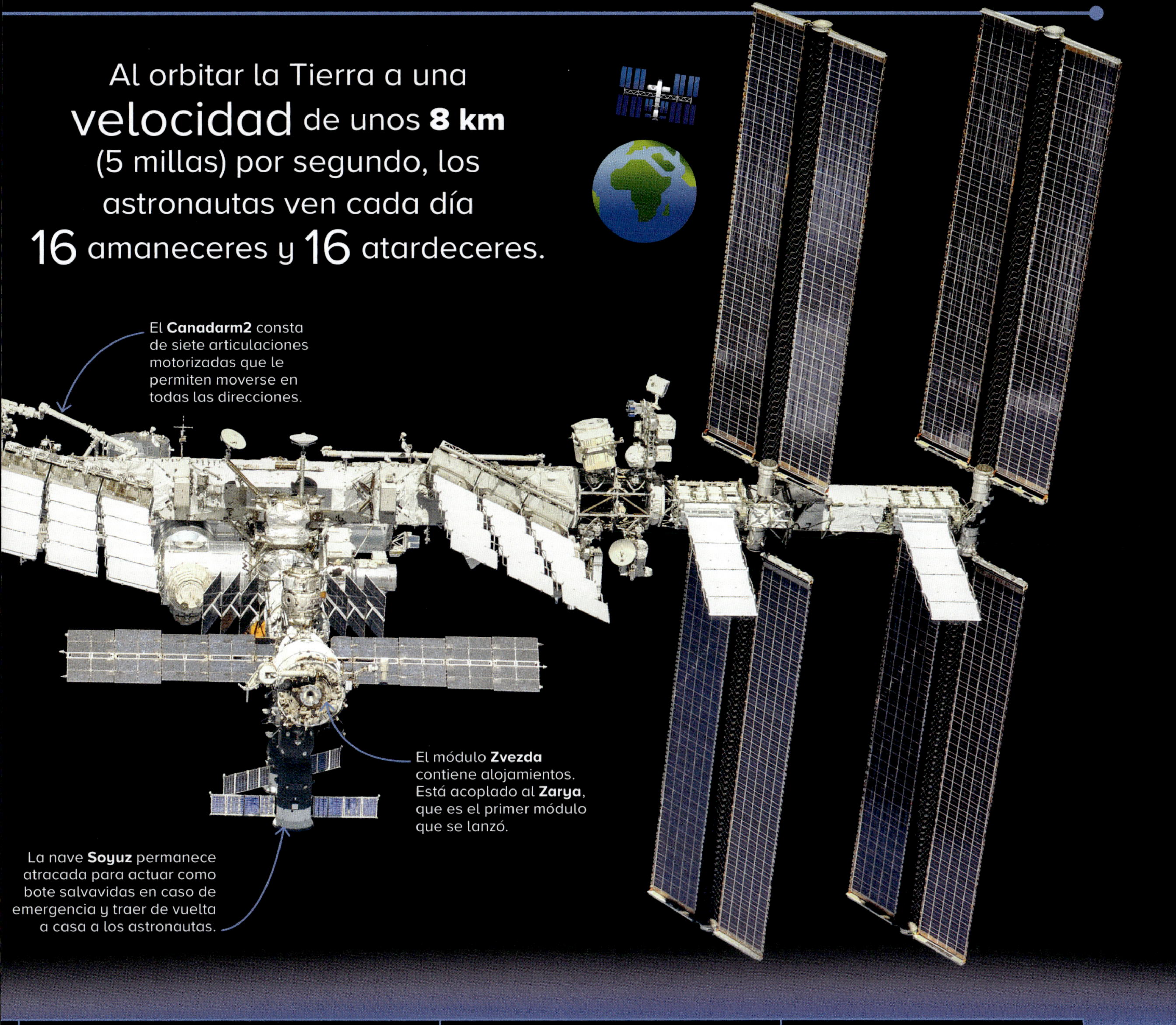

El **Canadarm2** consta de siete articulaciones motorizadas que le permiten moverse en todas las direcciones.
El módulo **Zvezda** contiene alojamientos. Está acoplado al **Zarya**, que es el primer módulo que se lanzó.
La nave **Soyuz** permanece atracada para actuar como bote salvavidas en caso de emergencia y traer de vuelta a casa a los astronautas.

LABORATORIOS

Kibō es el más grande de los tres laboratorios. Casi tan grande como un autobús, dispone de una cubierta expuesta para llevar a cabo experimentos en el espacio.

Módulo de almacenamiento
Brazo robótico
Sistema de comunicación
Plataforma expuesta

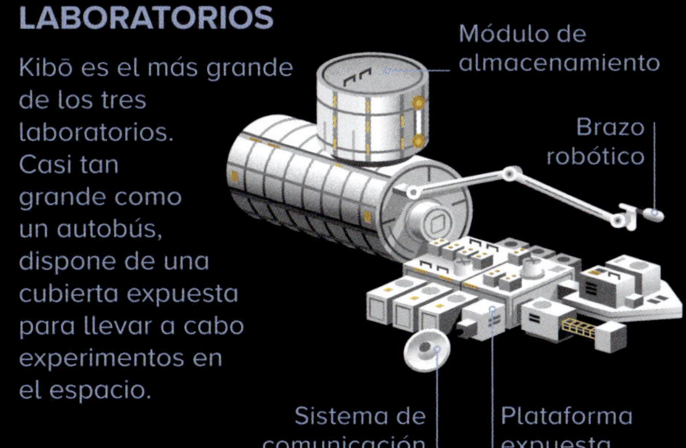

CANADARM2

El brazo robótico Canadarm2 de 15 m (55 ft) de largo está diseñado para trabajar como un brazo humano y girarse para desplazar tanto equipamiento como astronautas en el exterior de la EEI.

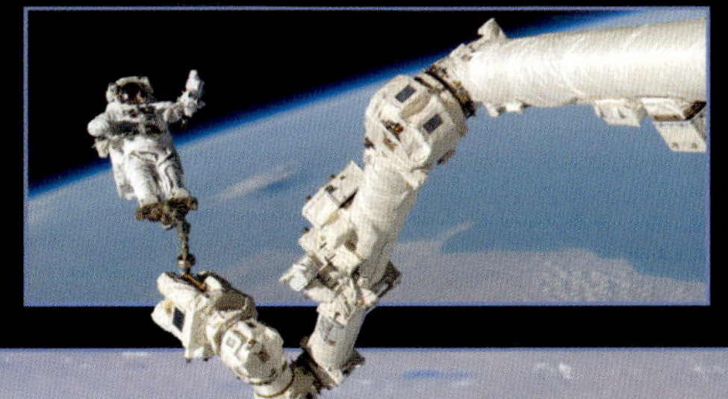

EXPERIMENTOS ESPACIALES

Los astronautas de la EEI han llevado a cabo más de 3000 experimentos, desde el cultivo de verduras y el uso de una tierra que imita la lunar para fabricar vidrio, metales y cemento para futuras bases en otros planetas.

Los astronautas cultivaron lechugas en el espacio.

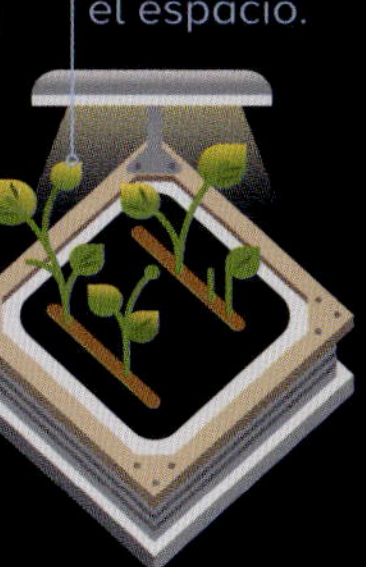

Vida en el espacio

Una tripulación rotativa de **seis astronautas** vive y trabaja a bordo de la EEI. Como la estación espacial orbita alrededor de la Tierra, experimentan la **microgravedad**, también conocida como ingravidez, como demuestra aquí la astronauta de la Agencia Espacial Europea (ESA) Samantha Cristoforetti, de nacionalidad italiana. Los astronautas tienen que hacer ejercicio todos los días para evitar la pérdida muscular y ósea. Muchos experimentos llevados a cabo en la EEI han ayudado a mejorar nuestra comprensión del funcionamiento de nuestro cuerpo.

COLISIÓN CATASTRÓFICA

Hoy en día muchos científicos coinciden en que la Luna se formó hace unos 4600 millones de años cuando un objeto del tamaño de Marte llamado Theia chocó contra una Tierra joven y fundida. Materiales procedentes de esta colisión fueron propulsados hacia el espacio, se aglutinaron y acabaron dando forma a la Luna. Por esa razón las rocas lunares se parecen tanto a las terrestres.

Compañera de la Tierra

APARTE DE LA TIERRA, LA LUNA ES EL ÚNICO LUGAR DEL SISTEMA SOLAR EXPLORADO POR EL SER HUMANO. Está cubierta de cráteres, montañas y polvo. En un pasado lejano, la gente llevaba la cuenta de largos períodos de tiempo observando las fases cambiantes de la Luna. Esta tarda 29 días y medio en orbitar alrededor de la Tierra. La gravedad de la Luna también atrae hacia sí a los océanos terrestres y provoca que las mareas suban y bajen.

La Luna **se aleja de la Tierra** a un ritmo de unos **4 CM** (1,5 in) al año.

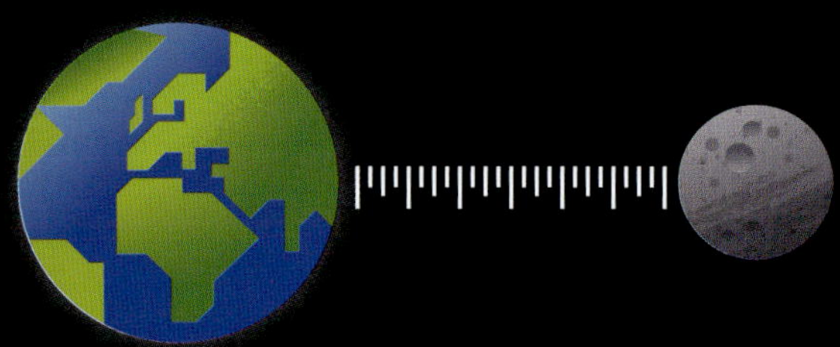

A nuestra vista, **LA LUNA** es un mundo gris, pero esta impactante imagen nos la muestra con los colores realzados y revela sus espectaculares características.

Sin atmósfera que la proteja, a menudo los meteoritos golpean la Luna y la dejan salpicada de **cráteres de impacto**.

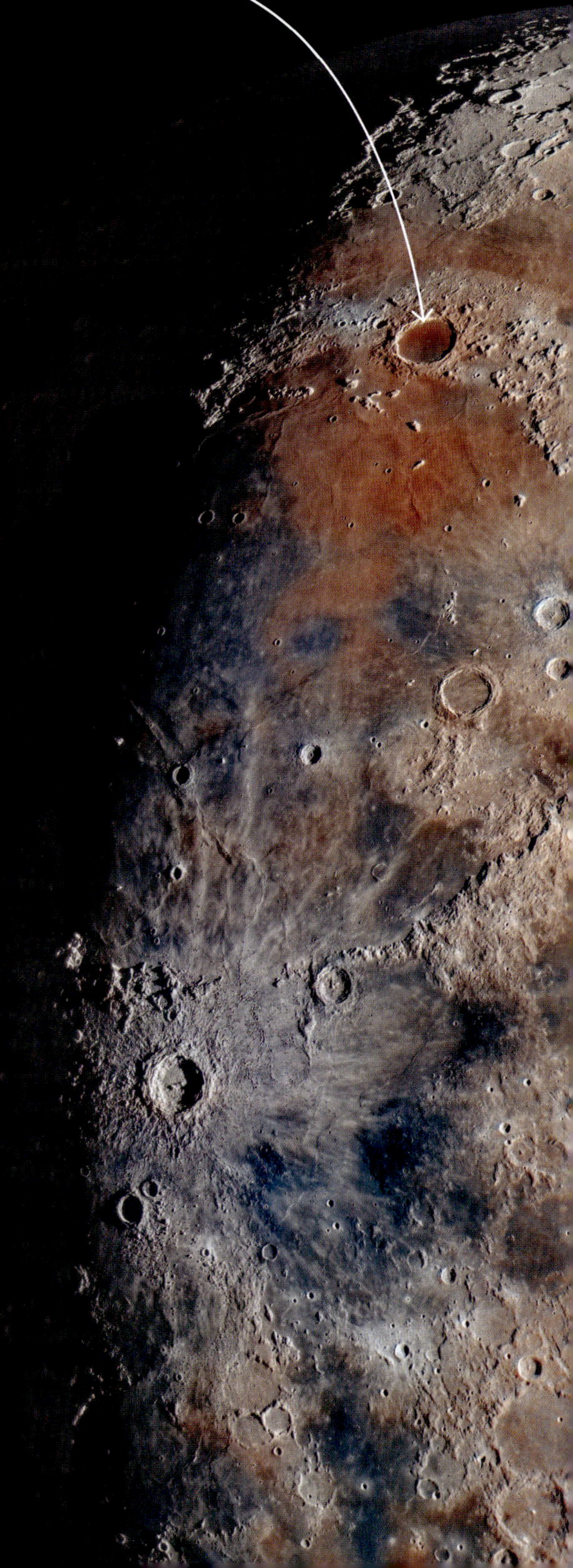

Todos los **planetas** del sistema solar cabrían cómodamente en la **DISTANCIA** que separa la Tierra de la Luna.

A las regiones oscuras se las llama **maria**, que significa «mares» en latín.

DIÁMETRO

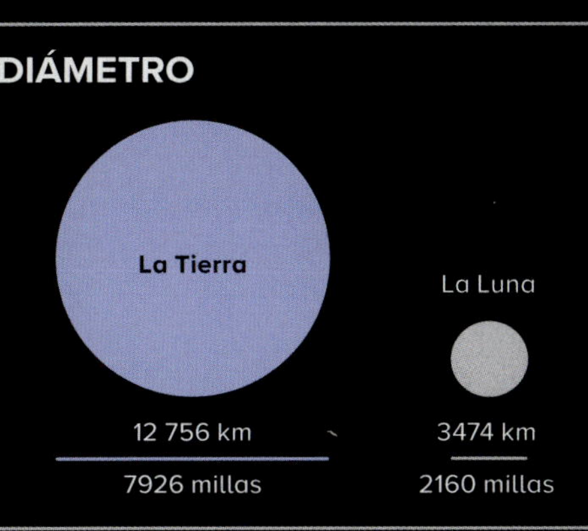

DÍA

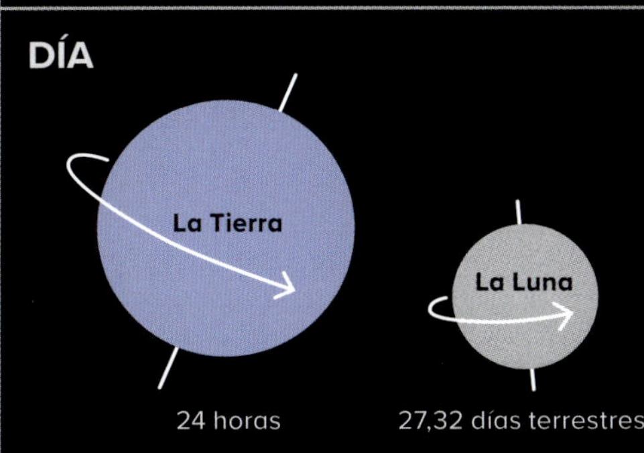

DISTANCIA MEDIA DESDE LA TIERRA

384 400 km
(238 855 millas)

TEMPERATURA

TEMPERATURA MÍNIMA

-173 °C (-280 °F)

TEMPERATURA MÁXIMA

127 °C (260 °F)

CARA OCULTA

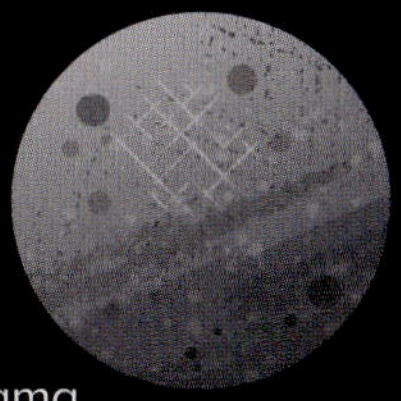

La cara oculta de la Luna, que no vemos desde la Tierra, dispone de menos mares (maria) que la cara vista. A los mares también se les llama así porque hubo un tiempo en el que los astrónomos creyeron que estaban llenos de agua, pero en realidad están inundados de lava sólida.

ASIMÉTRICA

Al principio, cuando se formó, la Luna estaba en estado líquido. La cara más alejada de la Tierra candente se enfrió más rápido, con lo que allí hay más corteza solidificada y eso hace que la Luna sea asimétrica.

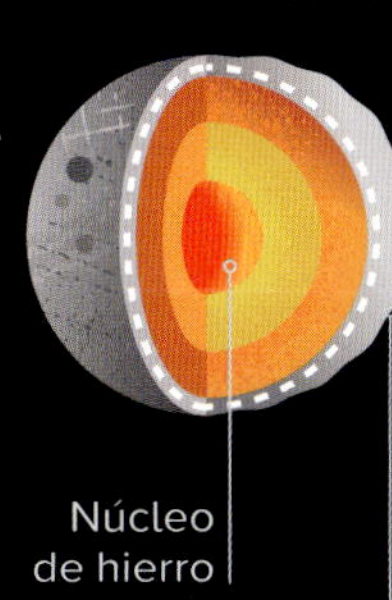

Luna de sangre

Durante un **eclipse lunar**, la blanca y plateada luna de la Tierra se convierte en una sombra color rojo cobrizo. Cuando la Tierra se interpone entre el Sol y la Luna, proyecta una sombra por toda la superficie de la Luna; pero la Luna no desaparece de la vista. Una luz roja procedente del Sol atraviesa la atmósfera de la Tierra, llega a la Luna, que la refleja de vuelta al espacio y confiere a la luna eclipsada su apodo de «**luna de sangre**».

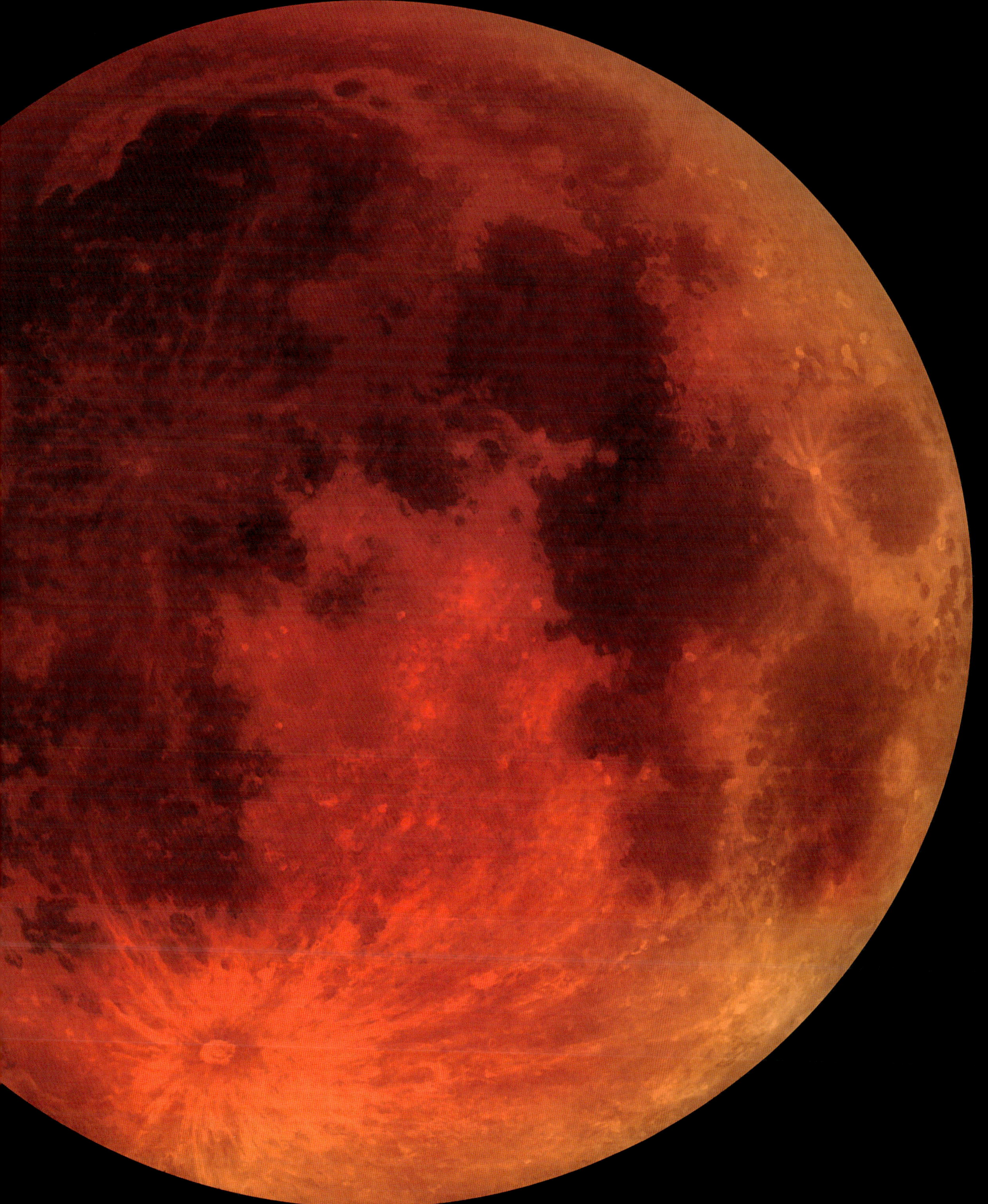

FECHA DE LANZAMIENTO

16 de julio de 1969

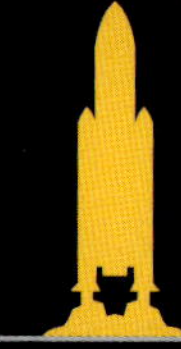

FECHA DE ALUNIZAJE

20 de julio de 1969

DISTANCIA TOTAL RECORRIDA

1 533 792 km
(953 054 millas)

SATURNO V

Los cohetes Saturno V lanzaron las naves espaciales Apolo, que llevaron un total de 24 astronautas a la Luna.

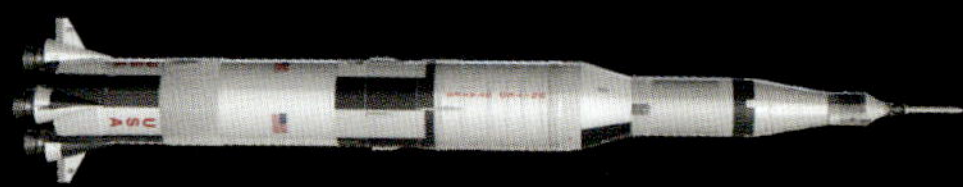

NAVE APOLO

La Apolo 11 se componía de tres partes: el módulo lunar Eagle, que aterrizó en la Luna; el módulo de mando Columbia; y el módulo de servicio, que suministraba agua y oxígeno.

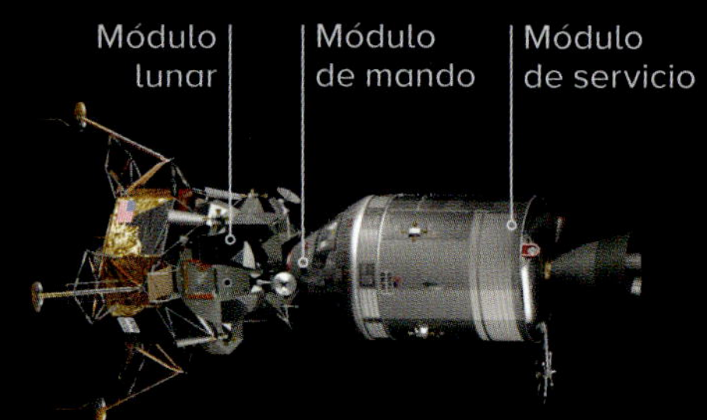

REGRESO A LA TIERRA

Los astronautas del Apolo 11 recogieron muestras de polvo y rocas lunares. A su regreso el 24 de julio de 1969, tuvieron que declarar las muestras en la aduana. Se registró el número de vuelo como Apolo 11 y el punto de salida, la Luna.

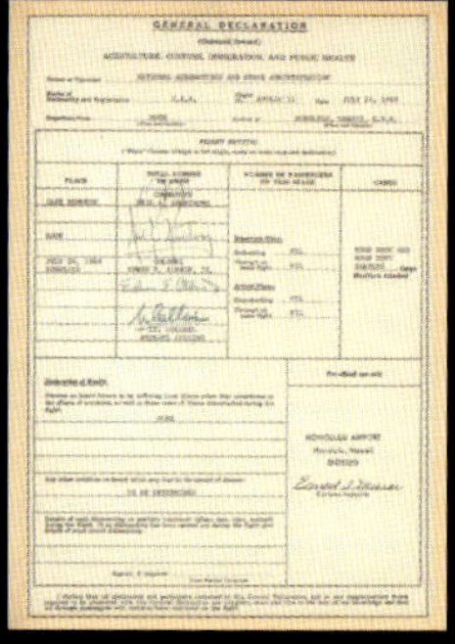
GENERAL DECLARATION

ARMSTRONG y **ALDRIN** pasaron 21 horas y 36 minutos en la Luna.

El primer paseo lunar

NUEVE TRIPULACIONES DEL APOLO HICIERON EL FANTÁSTICO VIAJE DE IDA Y VUELTA A LA LUNA, pero solo la Apolo 11 se hizo famosa como la primera misión en aterrizar con éxito astronautas en la superficie. La lanzó un Saturno V, el cohete más alto, pesado y potente de su época. Los momentos clave de esta expedición de ocho días los vieron en directo cientos de millones de personas de todo el mundo.

ESTA FAMOSA FOTO del astronauta Edwin «Buzz» Aldrin en la superficie de la Tierra la tomó Neil Armstrong, comandante de la misión y la primera persona que caminó por la Luna.

ALUNIZAJES DE LAS APOLO

Los seis alunizajes de las misiones Apolo pusieron a 12 astronautas estadounidenses en la Luna. La última persona que caminó por la Luna fue Harrison Schmitt en diciembre de 1972. El programa Artemis pretende volver a llevar astronautas a la Luna en 2026, más de 50 años después de la última visita.

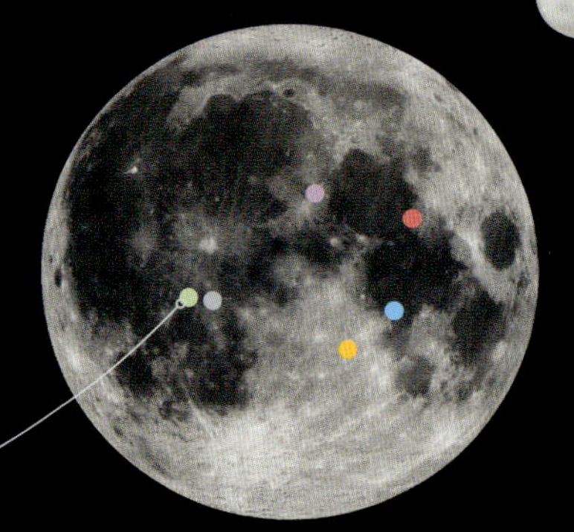

Cada alunizaje de una nave Apolo exploró un terreno lunar diferente.

Tanto Neil Armstrong como el módulo lunar se reflejan en el **visor solar bañado en oro** del casco de Aldrin.

El traje espacial de Aldrin estaba fabricado con **12 materiales sintéticos distintos con hasta 21 capas**. Lo protegieron de las durísimas condiciones de la Luna, como las temperaturas extremas o la radiación ultravioleta del Sol.

Cuando aterrizó, al **MÓDULO LUNAR** solo le quedaban 25 segundos de combustible.

Huella lunar
Cuando los **astronautas de la Apolo 11** pisaron la superficie de la Luna en 1969, dejaron huellas de pisadas en la tierra de grano fino. Sin viento ni lluvia que las erosione, esas huellas siguen siendo visibles. **Buzz Aldrin**, el piloto del módulo lunar, tomó esta imagen de su bota en la hora siguiente al alunizaje junto a Neil Armstrong.

COHETE A LA LUNA

El Sistema de Lanzamiento Espacial (SLS), más potente que el cohete Saturno V que llevó a los astronautas a la Luna, transportará a la nave Orión y a su tripulación al espacio. El cohete se lanzó con éxito en 2022 como parte de la misión no tripulada Artemis I.

El **módulo de servicio** enciende y propulsa a Orión. Se eyecta justo antes de la reentrada en la atmósfera de la Tierra.

En el futuro, los astronautas utilizarán los **RECURSOS DE LA LUNA** para construir una base habitable sobre la **SUPERFICIE LUNAR**.

Regreso a la Luna

LA MISIÓN ARTEMIS DE LA NASA VA A ENVIAR DE NUEVO ASTRONAUTAS A LA LUNA. Por primera vez en más de 50 años, los astronautas pasarán más de una semana en la región del polo sur lunar, que no ha sido jamás explorada por el ser humano. La tripulación del Artemis llevará a cabo experimentos con el objetivo de crear una futura base habitable en la Luna, que sirva como trampolín para las misiones hacia Marte y más lejos.

En su viaje de regreso, ORIÓN hace su reentrada en la atmósfera de la Tierra a una velocidad de más de **32 200 KM/H** (20 000 mph).

MISIONES ARTEMIS

Llevadas a cabo por la NASA, las misiones Artemis pretenden establecer viajes regulares a la estación espacial Gateway, que orbitará alrededor de la Luna, y un campamento base en la superficie de la Luna.

ARTEMIS I

La primera misión fue un vuelo de prueba no tripulado en 2022. Orión efectuó dos vuelos de reconocimiento de la Luna.

ARTEMIS II

Planificada para 2025, esta misión supondrá el primer vuelo tripulado de la Orión, que orbitará alrededor de la Luna.

ARTEMIS III

En esta misión aterrizarán los primeros seres humanos cerca del polo sur lunar en 2026.

OTRAS MISIONES FUTURAS

Hacia 2030, las misiones Artemis contarán con el apoyo de la estación espacial Gateway.

SISTEMA DE ABORTO DE LANZAMIENTO (LAS)

Situado en lo alto de Orión durante el lanzamiento, el LAS permite que el módulo de tripulación se pueda eyectar de forma segura desde el cohete principal si algo sale mal.

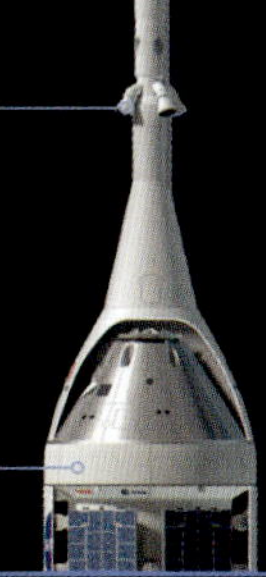

GATEWAY

La Gateway de la NASA será la primera estación espacial lunar. Dará apoyo a las misiones Artemis, al principio sirviendo de base para los astronautas antes de que visiten la Luna.

TRABAJO EN EQUIPO

Los nombres de las casi 30 000 personas cuyo trabajo hizo posible la misión Artemis I se grabaron en microchips y partieron dentro de la Artemis I.

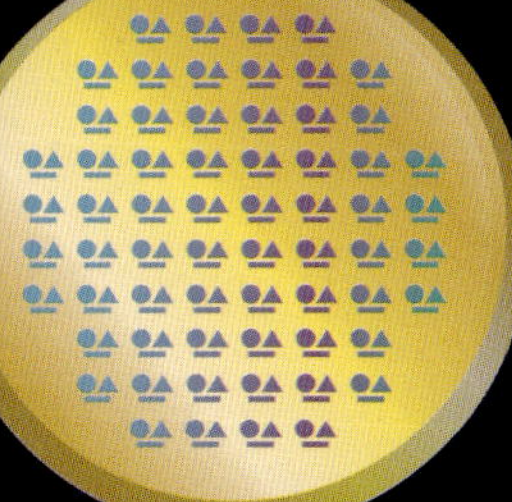

El **módulo de tripulación** proporciona espacio para que cuatro astronautas vivan y trabajen allí durante un máximo de 21 días.

DISEÑADA PARA LLEVAR AL SER HUMANO lo más lejos posible en el espacio, la nave Orión consta de dos componentes principales: el módulo de tripulación, que es una cápsula reutilizable, y el módulo de servicio, que contiene los sistemas de soporte vital.

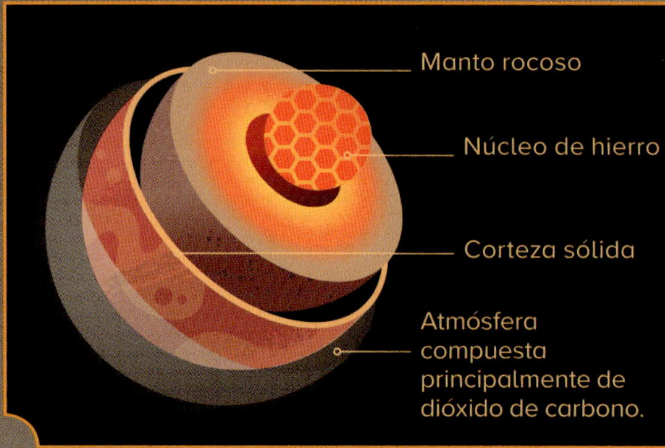

EN EL INTERIOR DE MARTE

Marte era una masa caliente de roca fundida que acabó enfriándose y solidificándose para formar una corteza sólida. Debajo de esta corteza se halla un manto rocoso y un núcleo pequeño y denso que puede que sea parcialmente líquido. A diferencia de la Tierra, Marte no tiene placas tectónicas. Por eso los volcanes marcianos, incluido el Olympus Mons, siguieron creciendo durante millones de años en el mismo lugar.

Marte polvoriento

LOS CIENTÍFICOS HAN ENVIADO MUCHOS EXPLORADORES ROBÓTICOS A MARTE EN BUSCA DE SEÑALES DE VIDA PASADA. Con sus características sorprendentemente parecidas a las de la Tierra —estaciones, casquetes polares de hielo, cañones y volcanes extintos—, el planeta rojo óxido ha cautivado nuestra imaginación. Sin embargo, a diferencia de la Tierra, no es un planeta habitable: es un mundo yermo, frío y desapacible con una atmósfera irrespirable.

El **Olympus Mons** lleva millones de años sin entrar en erupción.

El **RÓVER PERSEVERANCE** de la NASA consiguió fabricar oxígeno en **MARTE**: un pequeño paso hacia la creación de un hábitat respirable para el **SER HUMANO.**

El **Valles Marineris** es un cañón inmenso y profundo del tamaño de EE. UU.

El **OLYMPUS MONS**, el volcán más grande del sistema solar, tiene una altura **2 VECES Y MEDIA** mayor que el **QOMOLANGA FENG** (Monte Everest).

Qomolangma Feng
8848,86 m
(29 031 ft 8,5 in) de altura

Olympus Mons
22 000 m
(72 000 ft) de altura

A Marte se lo conoce como el **planeta rojo** porque los minerales de hierro de su suelo se oxidan y hacen que su paisaje adquiera un color rojo óxido.

En esta imagen tomada por el orbitador Mars Express de la ESA se pueden apreciar el color de la superficie de **MARTE**, sus cráteres y los colosales Valles Marineris.

DIÁMETRO

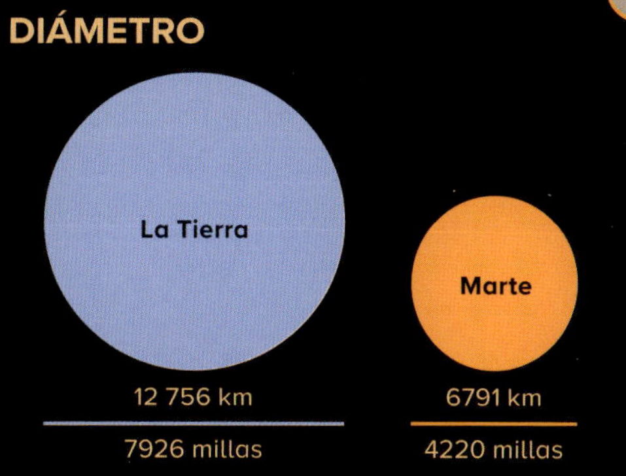

AÑO

LA TIERRA **365 días**

MARTE **687 días terrestres**

DÍA

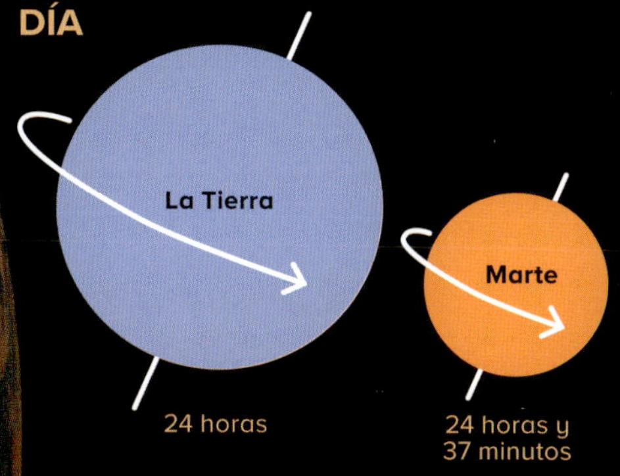

TEMPERATURA DEL TECHO DE NUBES

Temperatura mínima

-153 °C (-225 °F)

Temperatura máxima

35 °C (95 °F)

ÓRBITA

Marte orbita alrededor del Sol de forma elíptica (marcando un óvalo alargado), más que la Tierra.

LUNAS

Marte posee dos lunas de formas irregulares, Deimos y Fobos. En la mitología griega, Fobos era el dios del miedo y Deimos representaba el terror. Fobos, que es la más cercana a Marte, completa su órbita cuatro veces más rápido que Deimos.

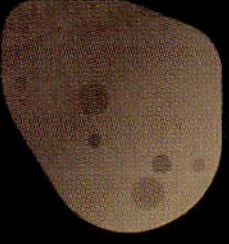
Fobos

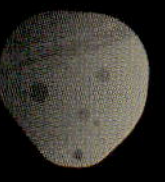
Deimos

Clima marciano

A menudo, unas impresionantes **tormentas de arena** barren la superficie marciana. Conocidas como **torbellinos**, son tres veces más grandes que los que se forman en la Tierra. A medida que el Sol lo calienta, el aire enrarecido de la superficie de Marte empieza a ascender. Los vientos soplan por todo Marte y provocan que esta columna de aire ascendente comience a girar más y más rápido, y forme un remolino. Se cree que este enorme torbellino de arena captado por la sonda Mars Reconnaisance Orbiter podría medir más de 800 m (2625 ft) de alto.

OLYMPUS MONS

Si estuviera en la Tierra, este inmenso volcán, ocuparía un territorio del tamaño de Francia. En su cumbre, se divisa una gigantesca caldera, con varios cráteres superpuestos.

Si se fundiera el agua congelada del suelo de Marte, un **OCÉANO** de 35 m (115 ft) de profundidad cubriría todo el planeta.

VALLES MARINERIS

Este conjunto de cañones interconectados mide diez veces más y es cinco veces más profundo que el Gran Cañón de EE. UU. en la Tierra. Valles Marineris se formó cuando la lava que brotaba bajo el cercano Olympus Mons estiró y desgarró la corteza marciana.

Gigantes marcianos

LAS FOTOGRAFÍAS DE LA SUPERFICIE DE MARTE NOS RESULTAN EXTRAÑAMENTE FAMILIARES. Muchos paisajes marcianos —desde los cañones de pendientes escarpadas a las dunas ondulantes— también los hallamos en la Tierra. Sin embargo, pese a que Marte es mucho más pequeño, a menudo tiene unas características sobredimensionadas si se comparan con las versiones de nuestro planeta.

CRÁTER DE SANTA MARÍA

El cráter de Santa María es del tamaño de un estadio deportivo. Fotografiado en 2010 por el róver Opportunity de la NASA, vemos aquí el emplazamiento coloreado, que ayuda a desvelar las características del cráter. Las rocas delimitan el borde, mientras que las dunas de arena se desploman en el centro.

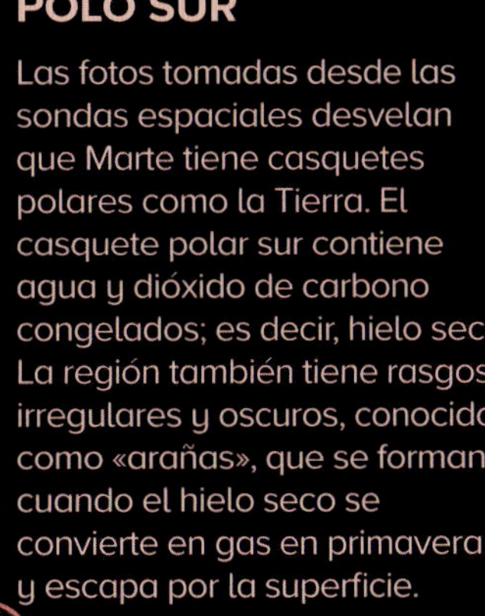

POLO SUR

Las fotos tomadas desde las sondas espaciales desvelan que Marte tiene casquetes polares como la Tierra. El casquete polar sur contiene agua y dióxido de carbono congelados; es decir, hielo seco. La región también tiene rasgos irregulares y oscuros, conocidos como «arañas», que se forman cuando el hielo seco se convierte en gas en primavera y escapa por la superficie.

ARÁNDANOS MARCIANOS

Repartidos por muchos lugares, estas diminutas esferas que parecen arándanos son una de las pistas de que en algún momento hubo agua líquida en la superficie de Marte. Se componen de minerales ricos en hierro que podrían haberse disuelto en el agua.

DUNAS DE ARENA

Las dunas de arena son habituales en Marte, pero, comparadas con las terrestres, tienen unas formas extrañas. En el polo norte, los diminutos granos de oscura arena volcánica están prácticamente recubiertos de una capa de dióxido de carbono congelado.

Agua en Marte

Hace miles de millones de años, unas **veloces corrientes de agua** esculpieron la superficie de Marte. Como muestra esta imagen tomada por la sonda orbitadora Mars Express de la ESA, se han descubierto enormes canales secos en la superficie del planeta. Los canales indican que Marte fue muy húmedo. Lo que sigue siendo un misterio es qué provocó que desapareciera mucha de esa agua.

Perseverance **ATERRIZÓ EN MARTE** utilizando un **MÓDULO DE DESCENSO** llamado Skycrane.

Robots en Marte

EL PERSEVERANCE DE LA NASA, DEL TAMAÑO DE UN COCHE, ESTÁ EXPLORANDO EL PLANETA ROJO. Ha estado llevando a cabo experimentos desde que aterrizó en la superficie de Marte en 2021. Entre sus objetivos está la búsqueda de signos de vida y allanar el camino para futuras misiones en el planeta. El róver cuenta con un montón de cámaras, dos micrófonos —para captar por primera vez sonidos de Marte— y mucho más instrumental para estudiar las rocas, la atmósfera y el clima de Marte.

Este dispositivo puede enfocar el trocito más minúsculo de una roca y **analizarlo** con un láser.

El brazo robótico aguanta la «cabeza» del róver, que contiene 5 de las 23 cámaras (**todo un récord**) de Perseverance.

Esta **camarita** puede detectar un objeto del tamaño de una pelota de golf desde unos 25 m (82 ft) de distancia.

El **PERSEVERANCE**, que recibe las órdenes desde la Tierra, sigue explorando Marte en busca de señales de vida pasada. El modelo en 3D de la NASA que vemos aquí presenta al Perseverance recogiendo muestras de roca antigua.

INGENUITY

El Perseverance no viajó solo a Marte. Lo transportó Ingenuity, un pequeño dron helicóptero. Navegar por la superficie de Marte es un proceso lento, pero el vuelo del Ingenuity permite a los científicos acelerar la exploración. Pensado inicialmente para cinco vuelos de prueba, el éxito del helicóptero llevó a realizar 67 vuelos adicionales.

El Perseverance cuenta con una placa grabada con los **NOMBRES DE LOS CASI 10,9 MILLONES DE PERSONAS** que quisieron formar parte de la misión.

Ingenuity fue la **primera aeronave controlada** que voló en otro planeta. Se le enviaron los planes de vuelo desde la Tierra y luego voló por sí sola.

FECHA DE LANZAMIENTO

30 de julio de 2020

DURACIÓN DEL TRAYECTO

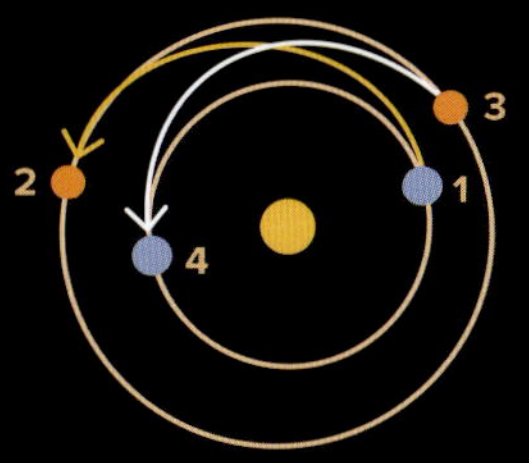

El róver tardó casi 7 meses en viajar desde la Tierra hasta Marte, pero solo 7 minutos en aterrizar cuando entró en la atmósfera de Marte.

1. Salida de la Tierra **3.** Salida de Marte
2. Llegada a Marte **4.** Envío de las muestras a la Tierra

VELOCIDAD MÁXIMA

Perseverance puede alcanzar los

0,12 km/h (0,07 mph), algo más rápido que un caracol.

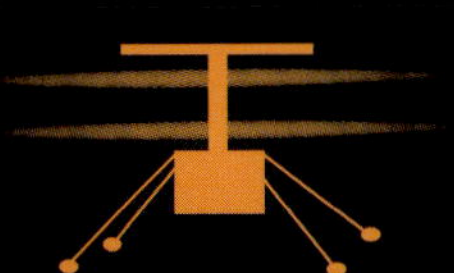

HELICÓPTERO DE ALTA VELOCIDAD

Ingenuity gira sus rotores **40 veces** por segundo.

ENERGÍA EN MARTE

Perseverance utiliza combustible nuclear para producir energía y calor, mientras que Ingenuity utiliza paneles solares para generar electricidad.

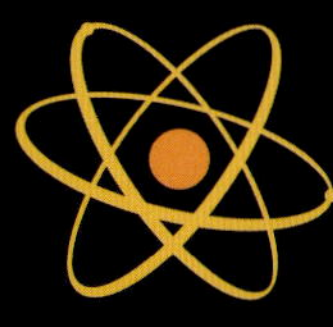

LUGAR DE ATERRIZAJE

Perseverance e Ingenuity están explorando una zona del cráter Jezero. Hace unos 3500 millones de años, este cráter estaba inundado de agua.

ENVÍOS DESDE MARTE

Armado con un pequeño taladro, Perseverance ha ido recogiendo muestras de roca del tamaño de barritas de tiza. Estas se acabarán enviando a la Tierra en una misión aparte y quizá revelen si en algún momento hubo o no vida en Marte.

Asteroide gigante

DIÁMETRO

La Tierra

12 756 km

7926 millas

Ceres

952 km

592 millas

AÑO

LA TIERRA **365 días**

CERES **1682 días terrestres**

DÍA

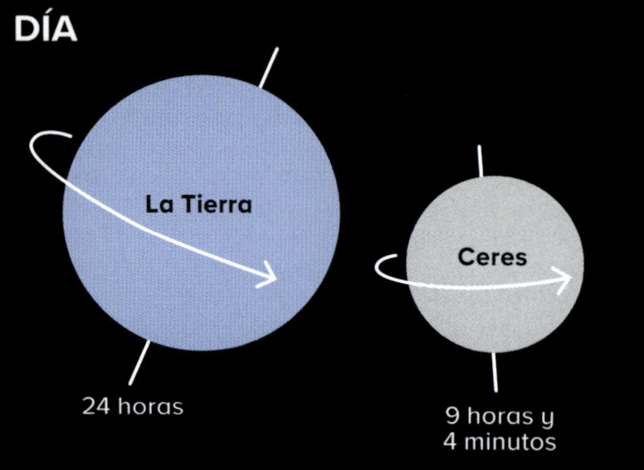

CERES POR DENTRO

Los científicos creen que Ceres posee una capa externa de hielo y minerales. Por debajo hay un manto y posiblemente un núcleo de rocas acuíferas.

NAVE DAWN

La nave Dawn de la NASA tardó 7 años y medio en llegar a Ceres. Al hacerlo, se convirtió en la primera nave en orbitar alrededor de dos cuerpos celestes distintos: Vesta (2011) y Ceres (2015).

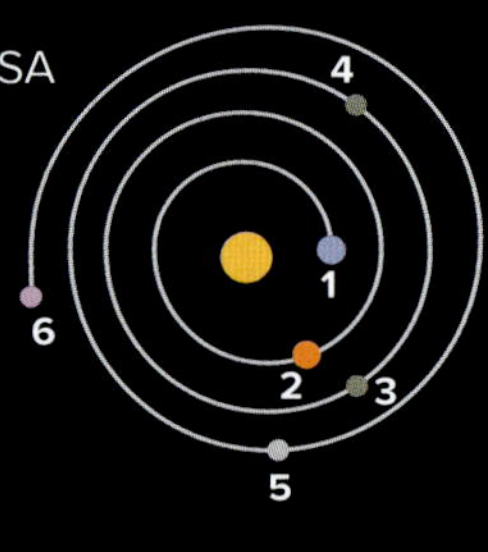

1. Salida de la Tierra
2. Vuelo de reconocimiento a Marte
3. Llegada a Vesta
4. Salida de Vesta
5. Llegada a Ceres
6. Final de la misión

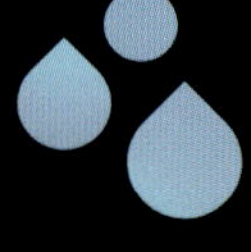

AGUA LÍQUIDA

Las rocas radioactivas de Ceres proporcionan calor suficiente para evitar que el agua enterrada se hiele y se solidifique.

CERES FUE EL PRIMER ASTEROIDE DEL SISTEMA SOLAR QUE SE DESCUBRIÓ. En 1801, mientras buscaba planetas, el sacerdote y astrónomo italiano Giuseppe Piazzi divisó Ceres. Compuestos principalmente de roca y metal, los asteroides se encuentran por todo el sistema solar interior, pero la mayoría se hallan dentro de un círculo entre Marte y Júpiter conocido como el cinturón de asteroides. A Ceres se lo clasifica ahora como planeta enano.

CERES representa aproximadamente un **TERCIO** de todo el material encontrado en el cinturón de asteroides.

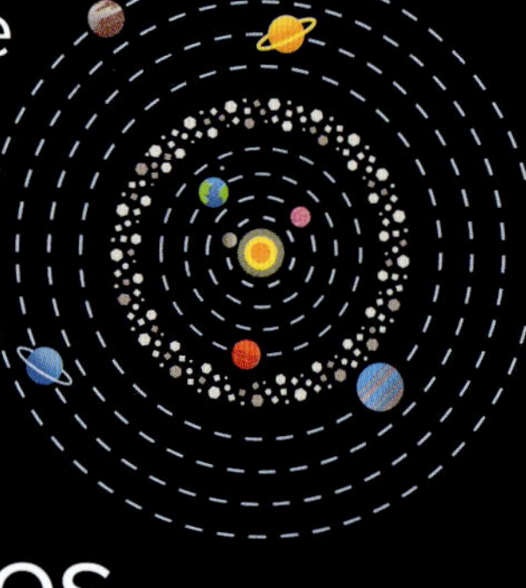

CERES podría estar compuesto en un 25 % de agua, lo que lo convertiría en un buen lugar para la búsqueda de **VIDA PRIMITIVA**.

25 %

ASTEROIDE GIGANTE

Lo que vemos aquí es el criovolcán Ahuna Mons, que ya no está activo. Con casi la mitad de la altura del Qomolangma Feng (Monte Everest), la montaña más alta de la Tierra, domina el paisaje de Ceres. En vez de lava, los criovolcanes expulsan agua helada que contiene sales y otros minerales, que dejan áreas brillantes en la superficie.

Hay innumerables **cráteres pequeños** por todo Ceres.

Ceres es el cuerpo celeste **MÁS GRANDE** del **CINTURÓN DE ASTEROIDES.**

En esta vista, tomada por Dawn desde 385 km (240 millas) por encima de la superficie del planeta enano, se aprecia la superficie rocosa de **CERES**. En el centro está el cráter Occator; los puntos brillantes del interior del cráter podrían ser restos de líquido salado.

EROS

A Eros se lo conoce como un asteroide cercano a la Tierra porque pasa cerca en comparación con otros asteroides. La nave NEAR Shoemaker de la NASA fue la primera en orbitar alrededor de un asteroide y en aterrizar con éxito en él, en concreto en 2001 en Eros, de 34 km (21 millas) de largo.

ITOKAWA

Itokawa fue el primer asteroide del que una nave espacial recogió material. Ocurrió en 2005, cuando la nave japonesa Hayabusa aterrizó en el asteroide. La nave recogió más de 1500 partículas de Itokawa y las envió a la Tierra en 2010. Desde entonces, los científicos han estado estudiando las partículas para conocer a fondo los minerales hallados en los asteroides.

Asteroides

ALGUNOS ASTEROIDES SON DEL TAMAÑO DE CIUDADES PEQUEÑAS. Unas cuantas de estas rocas espaciales tienen incluso sus propias lunas. Los asteroides son los escombros que sobraron de la creación de los planetas. Se les ha seguido la pista a miles de ellos, lo que ha proporcionado a los científicos información sobre la formación de los planetas. También aporten quizá el eslabón perdido de cómo empezó la vida en la Tierra. Fuentes ricas en minerales, metales y agua, los asteroides podrían utilizarse algún día para establecer bases habitables en otros planetas.

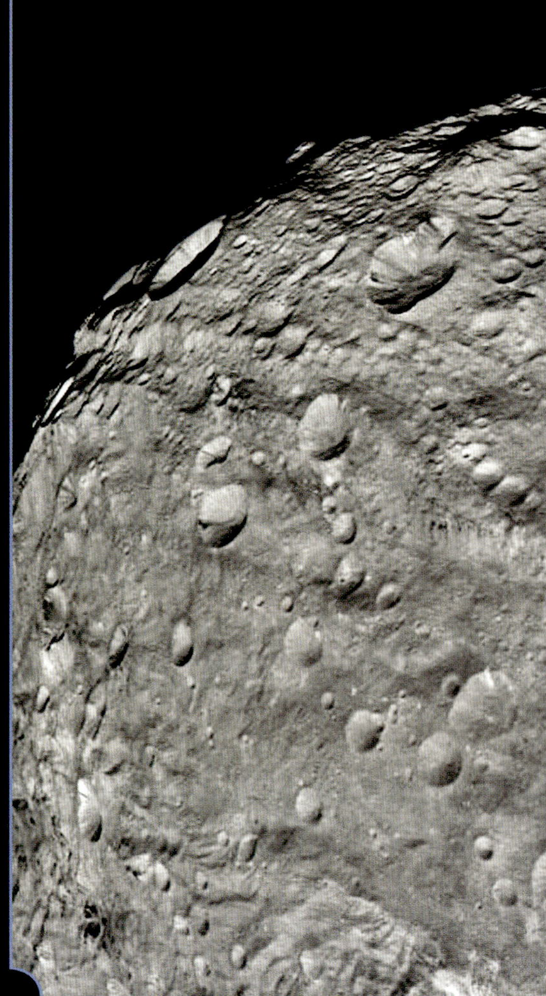

Hace unos 66 millones de años, un **ASTEROIDE** mayor que el Qomolangma Feng (Monte Everest) impactó contra la Tierra y provocó la extinción de los **DINOSAURIOS**.

IDA

La nave Galileo de la NASA fotografió la superficie de Ida en 1993 cuando pasó junto al asteroide durante su misión a Júpiter. Cuando los científicos estudiaron las imágenes, descubrieron que Ida tenía una luna minúscula, a la que llamaron Dáctilo. Ida fue el primer asteroide con luna que se descubrió.

Más o menos cada 2000 años, un **ASTEROIDE** del tamaño de un campo de fútbol chocará contra la Tierra

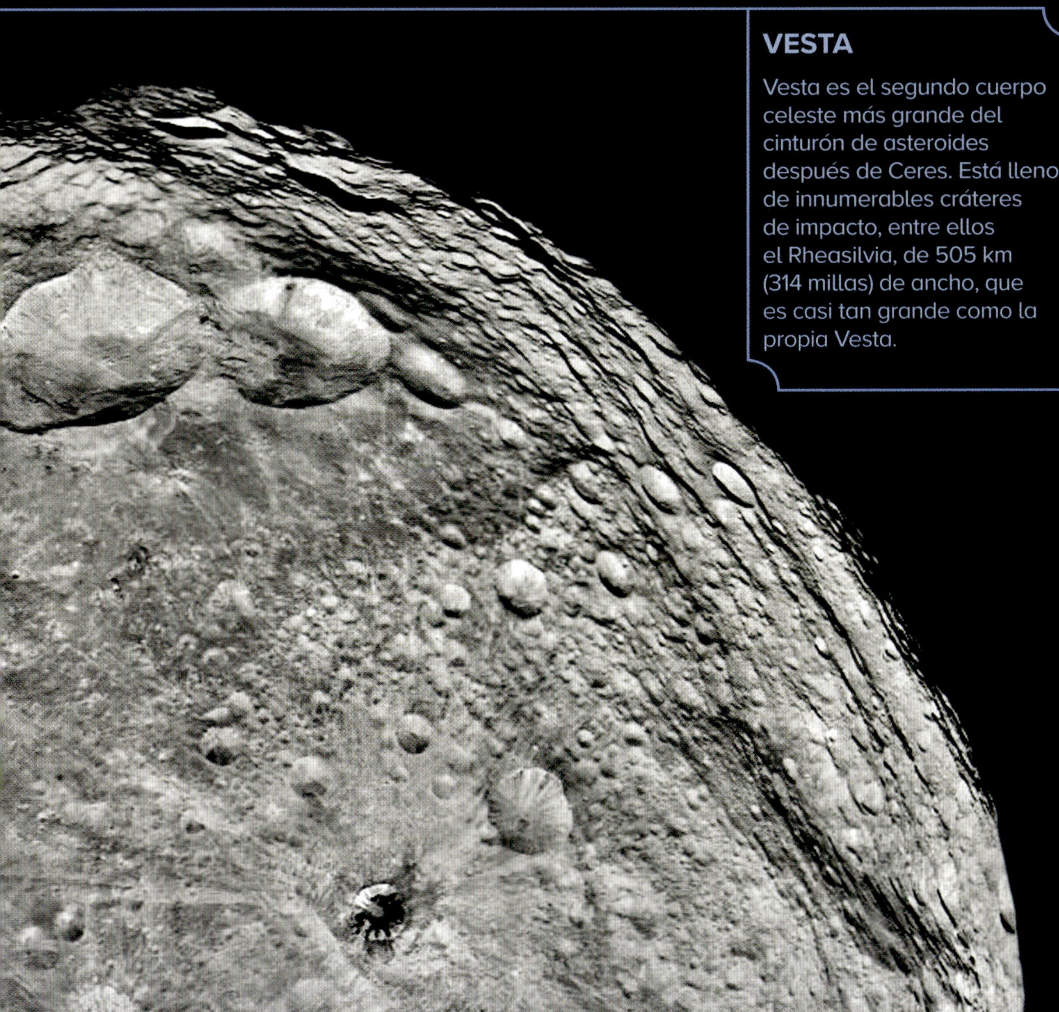

VESTA

Vesta es el segundo cuerpo celeste más grande del cinturón de asteroides después de Ceres. Está lleno de innumerables cráteres de impacto, entre ellos el Rheasilvia, de 505 km (314 millas) de ancho, que es casi tan grande como la propia Vesta.

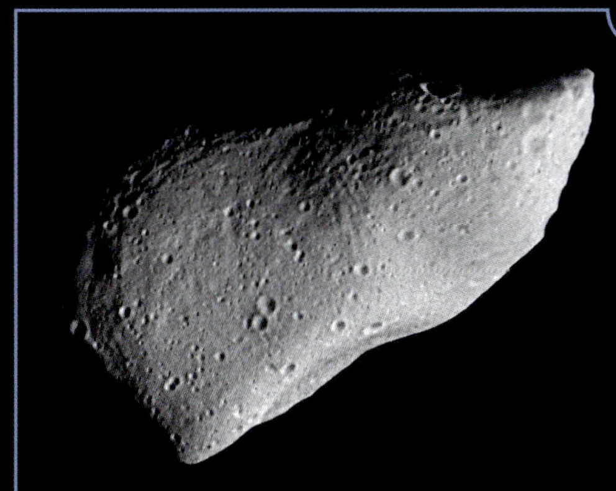

GASPRA

Este asteroide rota al contrario de las agujas del reloj cada 7 horas mientras orbita alrededor del Sol. Solo tiene 18 km (11 millas) de largo, pero esta vista, tomada por la nave Galileo de la NASA, muestra más de 600 cráteres.

RYUGU

La nave japonesa Hayabusa2 llegó a Ryugu en 2018 para recoger muestras y enviarlas a la Tierra. Los científicos descubrieron moléculas orgánicas en las muestras; estas moléculas son la base de la vida en la Tierra.

Meteorito rocoso

Meteorito metálico

Meteorito metálico-rocoso

TIPOS DE METEORITO

Estos tres tipos de meteorito se hallan en la Tierra. Los más habituales son los rocosos, compuestos principalmente de roca silícea. El componente principal de los meteoritos metálicos es el hierro-níquel, y son muy magnéticos. Los más raros de todos son los metálico-rocosos —como el meteorito de Fukang— con la misma cantidad de minerales silíceos que de metal.

Tesoro espacial

LAS ROCAS QUE CAYERON DEL ESPACIO SON ALGUNAS DE LAS MÁS EXCEPCIONALES DE LA TIERRA. Aunque cada año hay millones de meteoros que iluminan el cielo nocturno como estrellas fugaces, solo una minúscula fracción —varios miles— sobrevive el viaje hipersónico a través de la atmósfera y aterriza en la superficie de la Tierra como meteoritos. Se cree que este espectacular ejemplo se formó en lo más profundo de un planetesimal, un gigantesco montón de escombros sobrantes de la formación de la Tierra.

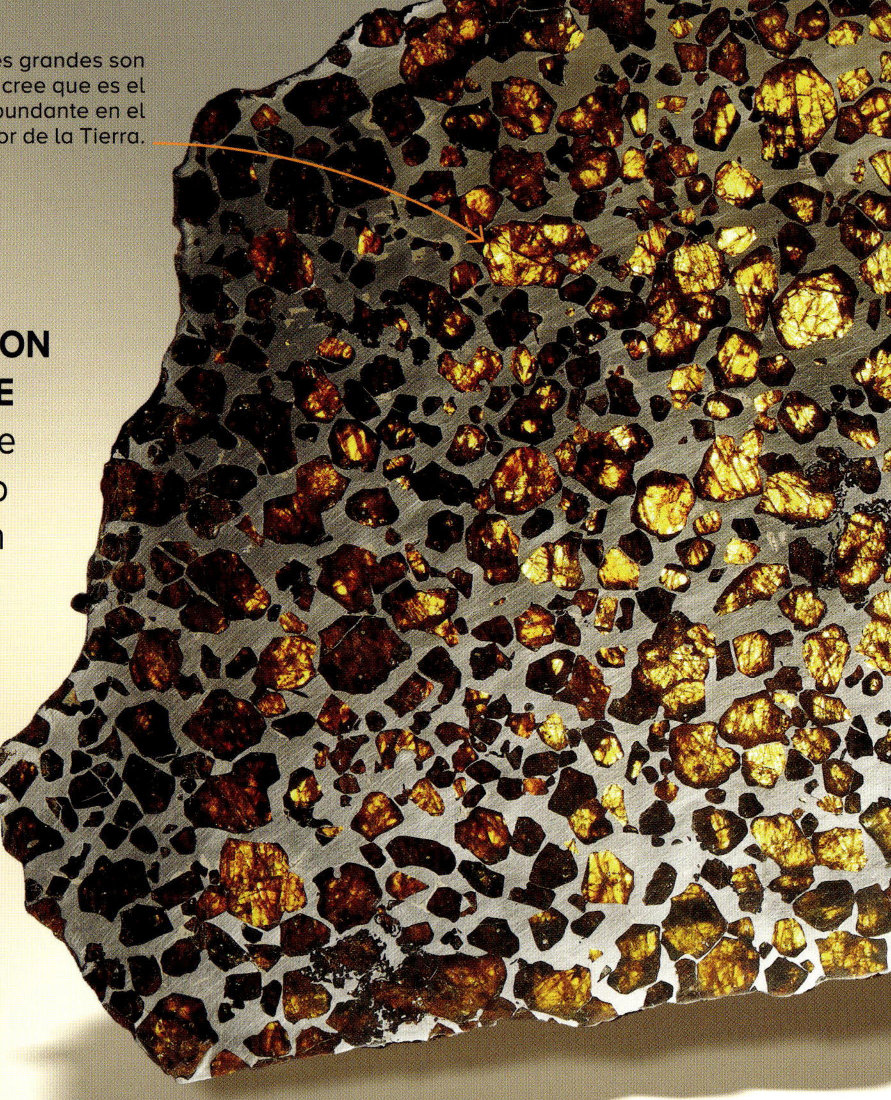
Los cristales grandes son **olivina**, que se cree que es el mineral más abundante en el manto superior de la Tierra.

El meteorito de Fukang se descubrió en el desierto de Gobi de China en el 2000. Es un palasito, un tipo de meteorito metálico-rocoso. Este trozo en forma de media luna se ha pulido para que luzca sus cristales resplandecientes.

EDAD

Con 4500 millones de años, las rocas espaciales como el meteorito de Fukang son casi tan antiguas como el propio sistema solar.

TAMAÑO

El meteorito de Fukang pesó casi una tonelada cuando se descubrió, lo que lo convertía en el palasito más grande jamás hallado. Con el tiempo, se ha troceado para estudiarlo y venderlo.

ORÍGENES

La mayoría de los meteoritos que aterrizan en la Tierra se formaron en el cinturón de asteroides entre Marte y Júpiter. Podrían haber sido parte de los asteroides que se rompieron en pedazos al chocar contra otros asteroides.

VIAJEROS ESPACIALES

Los científicos han identificado unos 35 000 asteroides cercanos a la Tierra. La mayoría de ellos tienen menos de 1 km (0,6 millas) de diámetro.

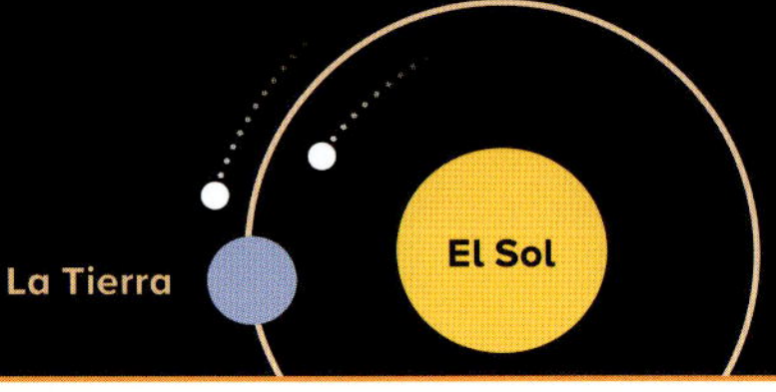

En algunos lugares, unas finas **«venas» metálicas** se abren camino a través de las formaciones de cristales de olivina.

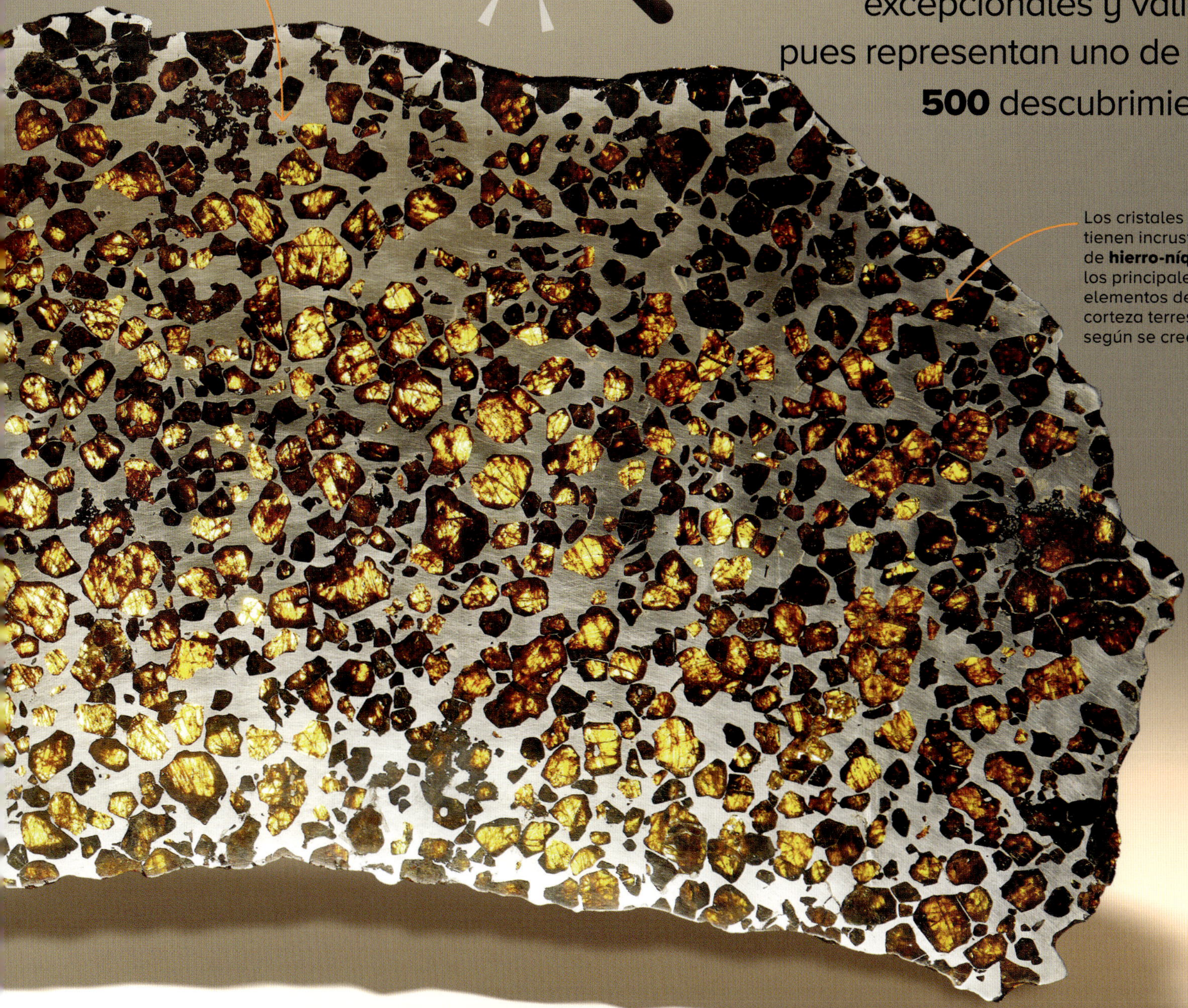

Los palasitos se encuentran entre los **METEORITOS** más excepcionales y valiosos, pues representan uno de cada **500** descubrimientos.

Los cristales de olivina tienen incrustaciones de **hierro-níquel**, los principales elementos de la corteza terrestre, según se cree.

LOS NOMBRES DE LAS ROCAS

El nombre de una roca espacial cambia a medida que se acerca a la Tierra. En el espacio se le llama meteoroide; a medida que entra en la atmósfera, se convierte en meteoro, y si llega al suelo se le llama meteorito.

PONER NOMBRE A LOS METEORITOS

A los meteoritos se les pone el nombre del lugar en el que son hallados. La familia de los palasitos a la que pertenece este meteorito recibe su nombre por Peter Pallas, un científico alemán que se fue a estudiar un palasito encontrado en Siberia hacia 1770. No se creía lo que decían los lugareños de que había caído del espacio, aunque acabó resultando que tenían razón.

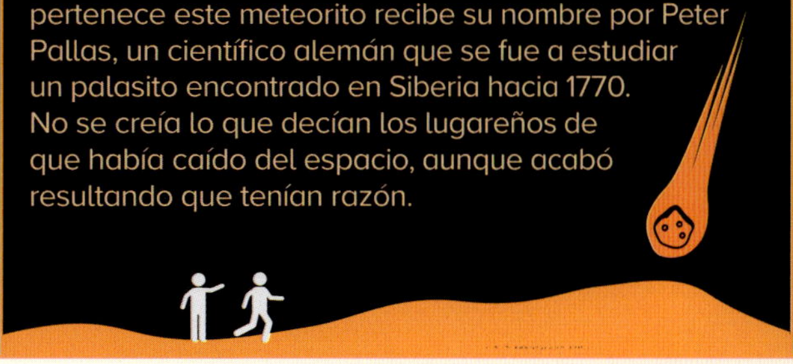

PIEDRAS PRECIOSAS

A los cristales puros y transparentes de olivina se les llama peridotos. Estas piedras preciosas se han atesorado desde tiempos remotos, incluso desde el Antiguo Egipto, donde se referían a los peridotos como «la joya del desierto».

Cráter Barringer
Hace unos 50 000 años, un **meteoro** se precipitó hacia la Tierra. Cayó sobre lo que ahora es Arizona (EE. UU.) haciendo añicos 160 millones de toneladas (175 milllones de tons) de roca. Este impacto dio lugar al **cráter Barringer**, también conocido como cráter Meteoro. Es uno de los cráteres de impacto mejor conservados de la Tierra. También lo ha utilizado la NASA para entrenar a los astronautas de las misiones Apolo.

Punto de encuentro rocoso

LA MISIÓN OSIRIS-REx DE LA NASA ALCANZÓ UN OBJETIVO SORPRENDENTE Y AMBICIOSO. Surcando el espacio, recogió una muestra de roca de un asteroide llamado Bennu y luego envió la muestra con éxito a la Tierra. Se cree que Bennu se formó muy al principio de la existencia del sistema solar. Al analizar la muestra de roca, los científicos pueden entender mejor cómo se formó el sistema solar.

Hay 1 posibilidad entre 1750 de que **BENNU** choque contra la Tierra a finales del siglo XXII.

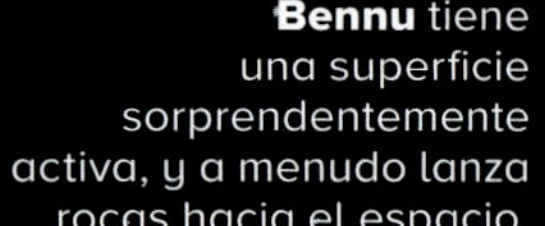

Bennu tiene una superficie sorprendentemente activa, y a menudo lanza rocas hacia el espacio.

BENNU

Bennu, que recibe el nombre de una antigua ave mitológica egipcia, tiene una forma parecida a un diamante con un diámetro medio de unos 500 m (1640 ft). Este asteroide es considerado potencialmente peligroso porque su órbita lo acerca a la de la Tierra. Cuando OSIRIS-REx se aproximó a Bennu, captó imágenes del asteroide, lo que permitió a la NASA seleccionar un lugar de muestreo para el aterrizaje. Esta imagen la tomó OSIRIS-REx desde unos 24 km (15 millas) de distancia.

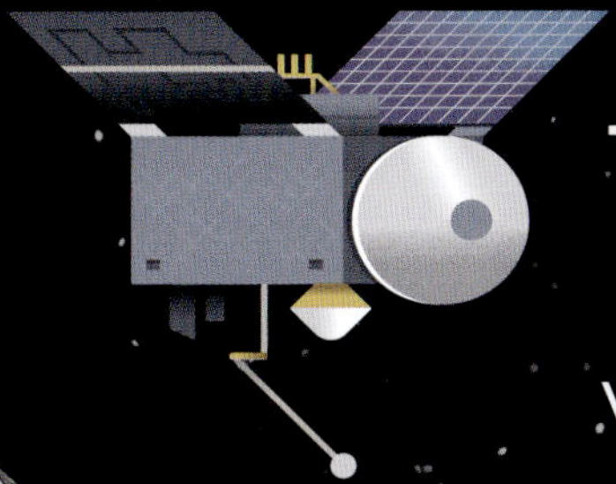

OSIRIS-REx viajó unos
7000 millones de km
(4000 millones de millas) para
volver a la Tierra con la muestra.

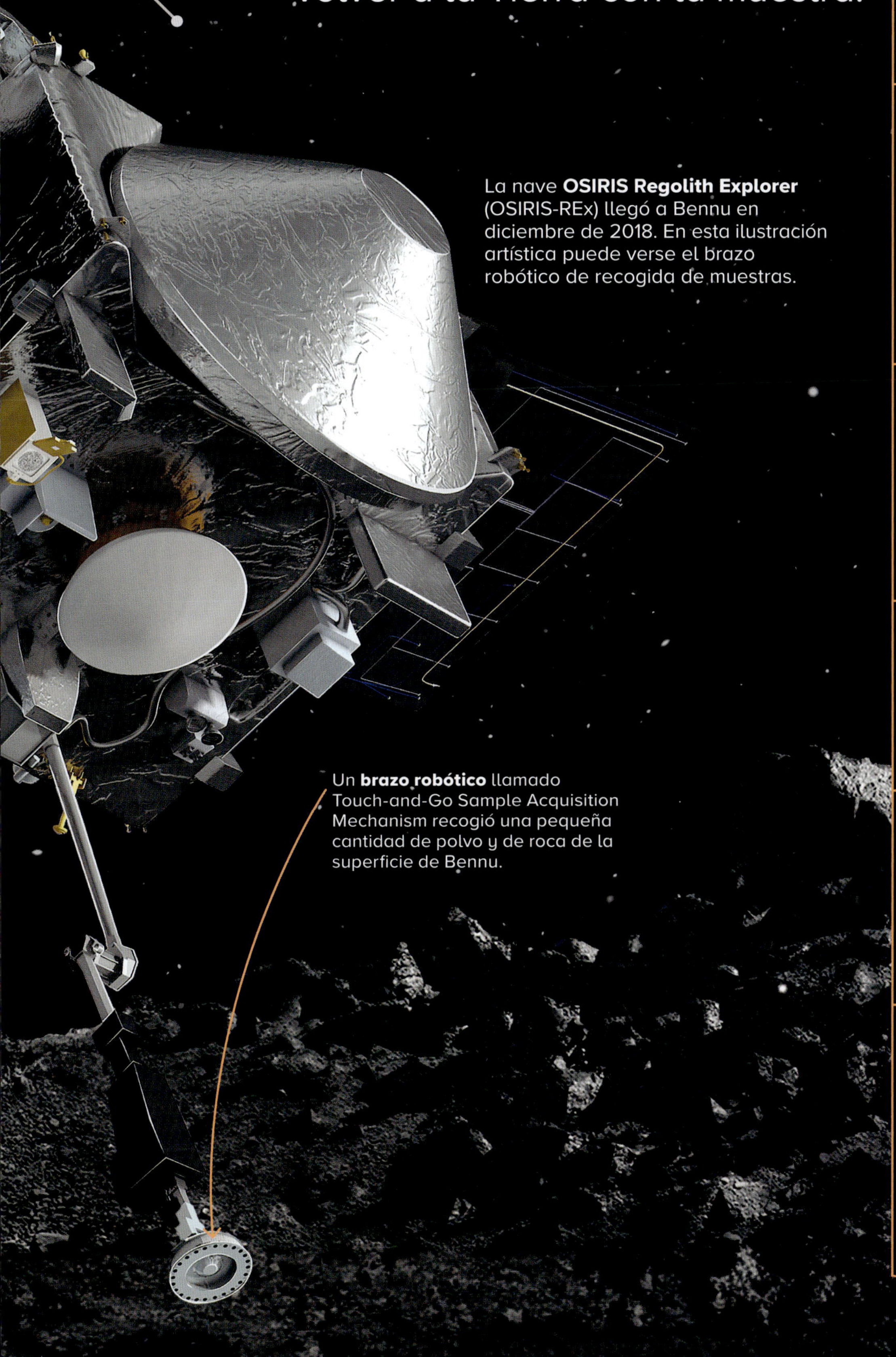

La nave **OSIRIS Regolith Explorer** (OSIRIS-REx) llegó a Bennu en diciembre de 2018. En esta ilustración artística puede verse el brazo robótico de recogida de muestras.

Un **brazo robótico** llamado Touch-and-Go Sample Acquisition Mechanism recogió una pequeña cantidad de polvo y de roca de la superficie de Bennu.

FECHA DE LANZAMIENTO

8 de septiembre de 2016

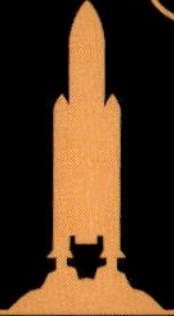

TIEMPO DE RECOGIDA DE MUESTRAS

El cabezal de muestreo tocó la superficie de Bennu solo durante seis segundos. La mayoría de las muestras se recogieron durante los tres primeros segundos.

CÁPSULA DE RETORNO DE MUESTRAS

En septiembre de 2023, la cápsula de retorno de muestras reingresó a la atmósfera de la Tierra a la increíble velocidad de 44 500 km/h antes de aterrizar en un desierto de Utah (EE. UU.).

RECUPERACIÓN DE ROCAS

La cápsula contenía unos 120 g ($4\frac{1}{3}$ oz) de polvo y roca; el doble de la cantidad esperada por los científicos.

ANÁLISIS

Las muestras revelan la presencia de moléculas orgánicas y minerales acuíferos, esenciales para la existencia de la vida.

PRÓXIMA MISIÓN

Ahora la nave tiene una nueva misión, llamada OSIRIS Apophis Explorer (OSIRIS-APEX), para estudiar Apophis, un asteroide cercano a la Tierra.

MISIONES SIMILARES

Las misiones japonesas Hayabusa recogieron y trajeron de vuelta muestras de los asteroides Itokawa (2010) y, como vemos aquí, Ryugu (2020).

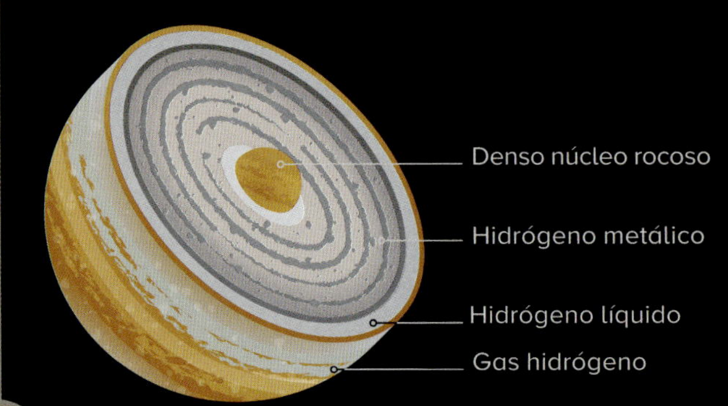

BOLA DE GAS

Júpiter no dispone de una superficie sólida. Su atmósfera se compone sobre todo de gas hidrógeno y algo de helio. Por debajo de esto, la presión es tan fuerte que transforma el hidrógeno en líquido. El denso núcleo está rodeado de hidrogeno metálico, que se comporta como un metal líquido.

Gigante de gas

JÚPITER ES UN PLANETA DESCOMUNAL. Todos los demás planetas del sistema solar cabrían en su interior y aun sobraría espacio. Compuesto de gas, contiene el doble de material que el resto de los planetas juntos. Todo lo referente a Júpiter es inmenso, incluidas sus tormentas, muchas de ellas del tamaño de la Tierra. Algunas chocan entre ellas y forman tormentas todavía mayores.

JÚPITER gira tan rápido que no es redondo, sino que es como una **BOLA APLASTADA** ligeramente, abultada en el medio.

JÚPITER goza de un constante suministro de partículas cargadas que alimentan sus **INTERMINABLES** auroras.

El **polo sur** de Júpiter está dominado por las tormentas que se arremolinan en el sentido de las aguas del reloj. Parecen cambiar de tamaño, de forma e incluso de color.

Los espectaculares rasgos marmóreos de **JÚPITER** adquieren vida en esta foto con los colores realzados tomada por la nave espacial Juno de la NASA.

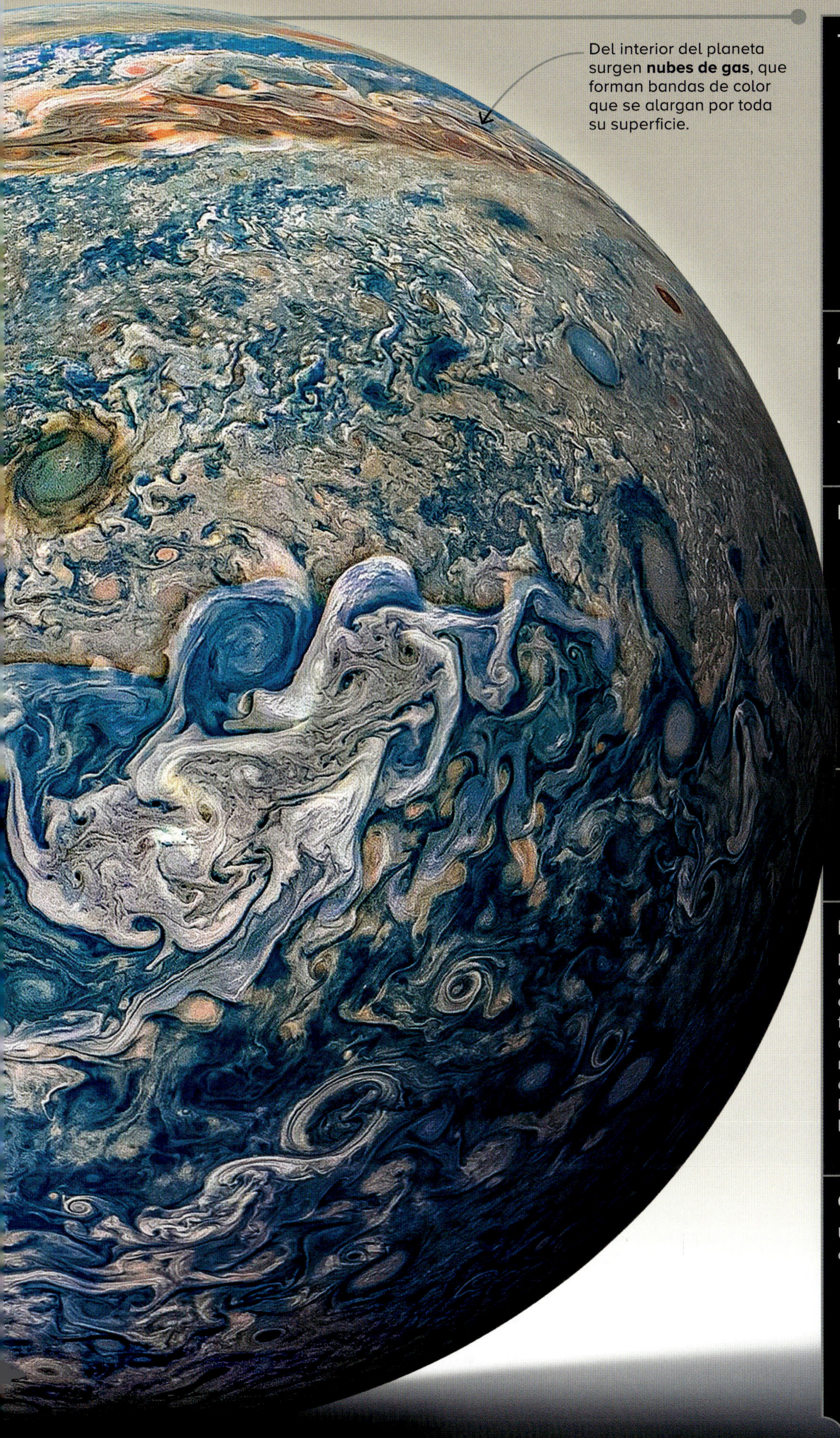

Del interior del planeta surgen **nubes de gas**, que forman bandas de color que se alargan por toda su superficie.

TAMAÑO

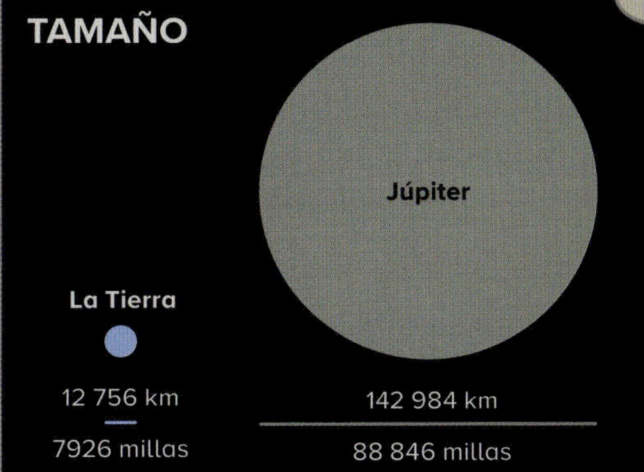

AÑO

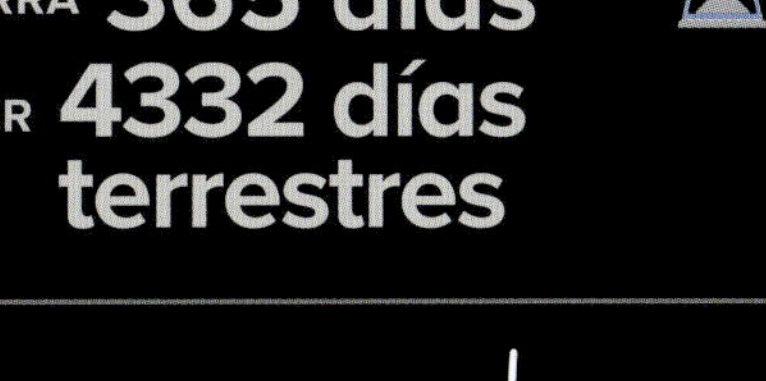

DÍA

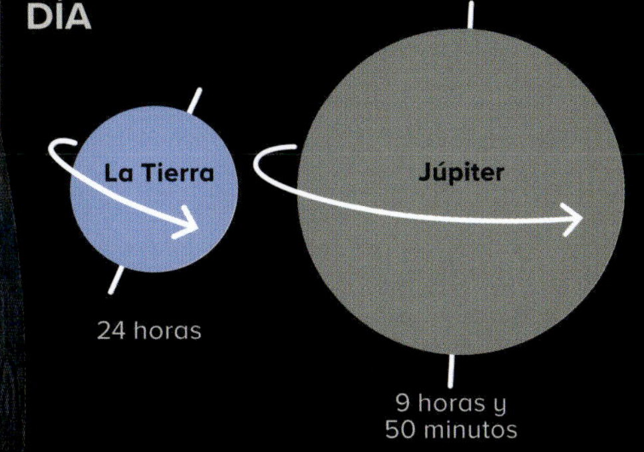

TEMPERATURA DEL TECHO DE NUBES

-108 °C (-162 °F)

IMPACTO DESCOMUNAL

En 2009, un asteroide o un cometa chocó contra Júpiter y dejó una cicatriz oscura en un lado del planeta. El impacto fue equivalente a la explosión de varios miles de bombas nucleares, y la marca que dejó es del tamaño del océano Pacífico, el más grande de la Tierra.

CORRIENTE EN CHORRO

Una corriente en chorro fluye por todo el ecuador de Júpiter a velocidades de 515 km/h (320 mph). Esto equivale al doble de velocidad de un huracán de categoría 5, el más destructivo de la Tierra.

Tormenta roja
La **Gran Mancha Roja** de Júpiter es la mayor tormenta del sistema solar. Con una extensión de 16 350 km (10 159 millas), es más grande que el diámetro de la Tierra y lleva **190 años** arreciando. Otras tormentas más pequeñas se ven arrastradas hacia su potente vórtice en espiral: algunas se funden con la tormenta gigante y le sirven de combustible y otras son destrozadas por frenéticas ráfagas de viento.

ÍO

Ío, la tercera luna más grande de Júpiter, está salpicada de cientos de volcanes activos, como el Culann Patera (arriba). Ríos de lava de diferentes épocas rodean la caldera del volcán (cráter).

CALISTO

A diferencia de Ío, en Calisto no hay volcanes activos. La superficie de la luna está llena de rocas y hielo, así como de los antiguos cráteres provocados por miles de millones de años de impactos de meteoritos. Muchos de los cráteres poseen múltiples anillos, como las ondas congeladas de la piedra que se tira a un estanque. Los científicos creen que podría haber una capa de líquido salado bajo la superficie.

Las lunas de Júpiter

JÚPITER TIENE CASI 100 LUNAS ORBITANDO A SU ALREDEDOR. Las cuatro mayores —conocidas como lunas galileanas— son tan únicas y fascinantes como cualquier planeta. Las características de su superficie sugieren que tres de esas grandes lunas (Ganímedes, Calisto y Europa) cuentan con vastos océanos subterráneos de agua salada, lo que las convierte en un foco de interés para los científicos que buscan señales de vida fuera de la Tierra. Ío, la otra luna galileana, es el mundo más volcánico del sistema solar.

Las **LUNAS GALILEANAS** de Júpiter reciben su nombre en honor a GALILEO GALILEI, el científico italiano que las descubrió en 1610.

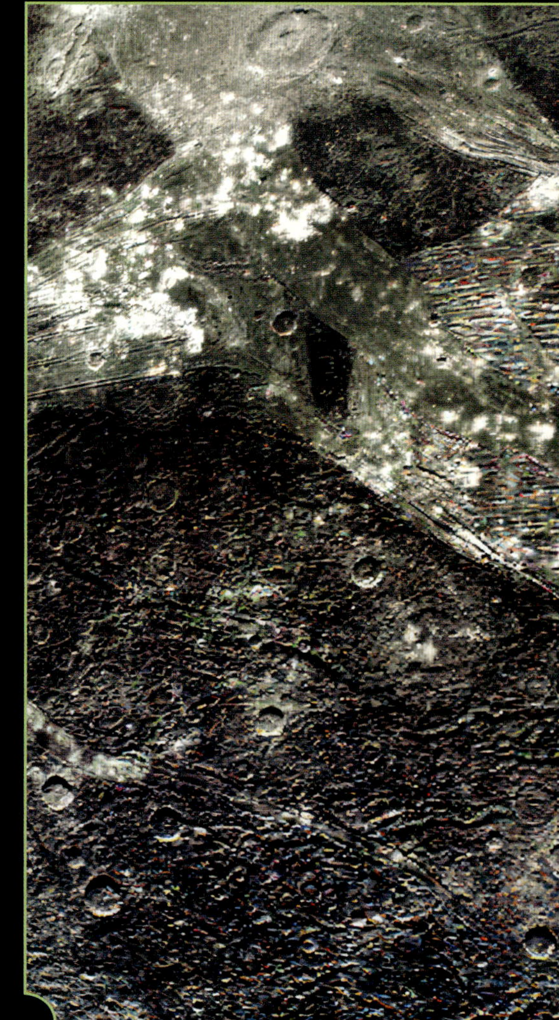

EUROPA

Las grietas y los surcos que atraviesan Europa son indicios de que bajo la corteza congelada de la superficie de esta luna subyace un inmenso océano líquido. Las mareas de este océano hacen que la corteza se quiebre, y esos fragmentos van a la deriva hasta una nueva posición en la que se vuelven a congelar. Las zonas naranjas más oscuras (derecha) revelan dónde se ha filtrado el hielo más reciente desde abajo para sellar las grietas.

Ganímedes es **MUCHO MÁS PEQUEÑA** que la Tierra, pero los océanos que hay bajo su corteza helada podrían contener más agua que los de la Tierra, pues están a una profundidad 30 veces mayor.

GANÍMEDES

La mayor parte de la superficie de Ganímedes está cubierta de surcos y crestas, algunos de los cuales se extienden a lo largo de miles de kilómetros. También hay otras zonas mucho más lisas, lo que sugiere la existencia de fuerzas tectónicas que afectan a la corteza congelada de Ganímedes.

Gigante anillado

SATURNO ES UN PLANETA ESPECTACULAR. Las tormentas arrecian durante meses y meses, desatando sus potentes relámpagos. Su deslumbrante sistema de anillos es, con diferencia, el mayor del sistema solar, y alrededor del gigante de gas hay un descomunal grupo de 146 lunas orbitando. A pesar de ser casi tan grande como Júpiter, contiene mucha menos materia. Si por casualidad tuvieras una bañera del tamaño de un sistema solar, Saturno flotaría sobre el agua.

Esta impactante imagen de la nave Cassini de la NASA ha captado a **SATURNO Y SU SISTEMA DE ANILLOS**. Se han utilizado distintos colores para mostrar las diferencias de tamaño de las partículas heladas que conforman los anillos.

DIÁMETRO

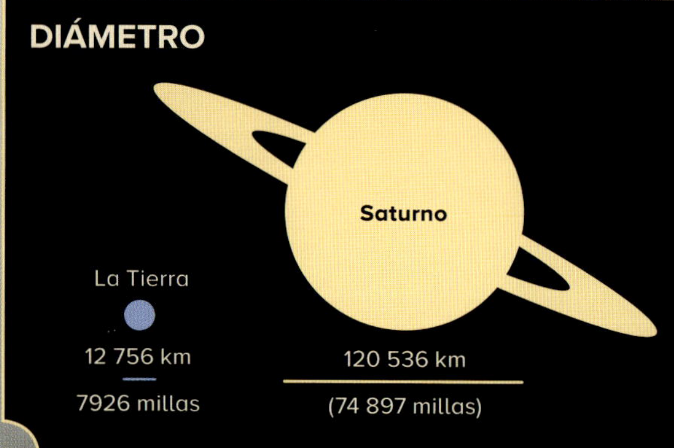

AÑO

LA TIERRA **365 días**

SATURNO **10 747 días terrestres**

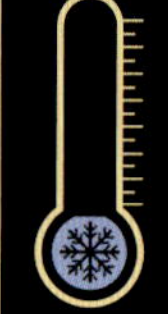

TEMPERATURA DEL TECHO DE NUBES

-139 °C (-218 °F)

DÍA

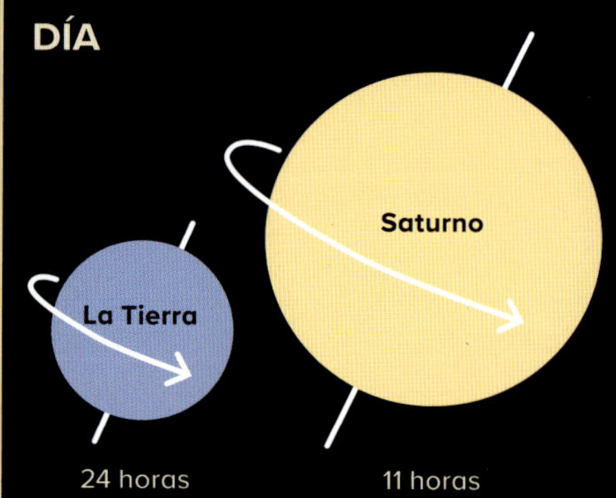

El color verde muestra las regiones donde las partículas de los anillos tienen **menos de 5 cm (2 in)** de diámetro.

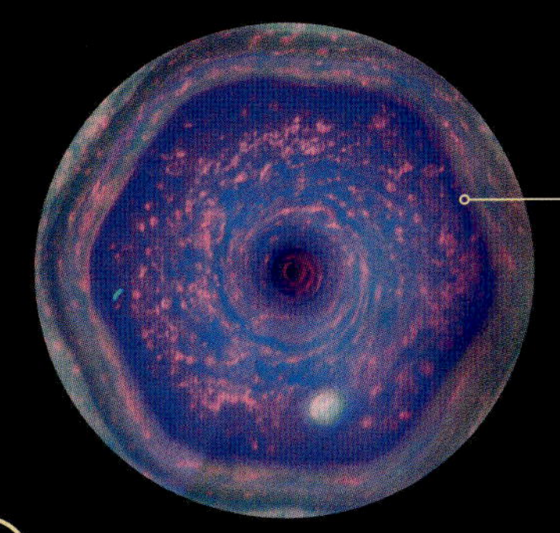

El huracán gira al contrario que las agujas del reloj, mientras que algunos de los huracanes más pequeños del interior del hexágono giran al revés.

TORMENTA HEXAGONAL

Muy por encima del polo norte de Saturno hay una insólita tormenta con forma de hexágono, que lleva décadas azotándolo. Su extensión es el doble que la de la Tierra y se adentra 100 km (60 millas) en la atmósfera de Saturno.

Más o menos cada **30 AÑOS** una tormenta gigante, tres veces más grande que la Tierra, azota la superficie de Saturno.

Yendo a 50 km/h (30 mph), se tardarían **345 DÍAS** en recorrer los anillos de Saturno.

Las regiones moradas muestran dónde **no hay partículas menores de 5 cm (2 in)**.

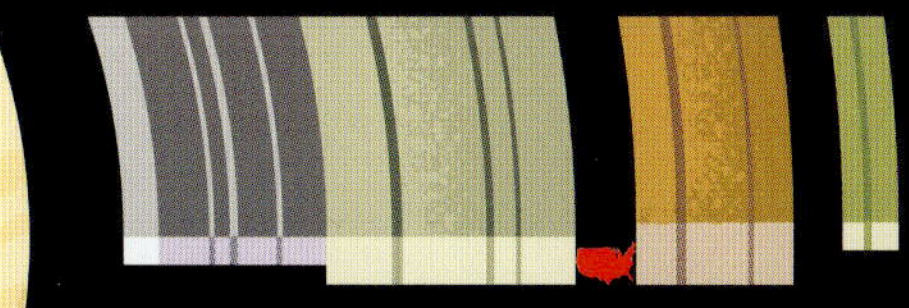

ANILLOS

Entre los anillos de Saturno hay varias brechas provocadas por la atracción gravitatoria de sus lunas. La más amplia, la división de Cassini, tiene 4700 km (2920 millas) de ancho; lo bastante grande para que quepa todo EE. UU. dentro.

PLANETAS ANILLADOS

Júpiter, Urano y Neptuno también tienen anillos, pero son difíciles de localizar y contienen menos material que los de Saturno.

Júpiter

Urano

Neptuno

MATERIAL DEL ANILLO

Los anillos de Saturno se componen de miles de millones de trozos de hielo, rocas y polvo; se supone que son fragmentos de cometas, asteroides o lunas. Algunos son tan grandes como una casa; otros no llegan al tamaño de un cubito de hielo.

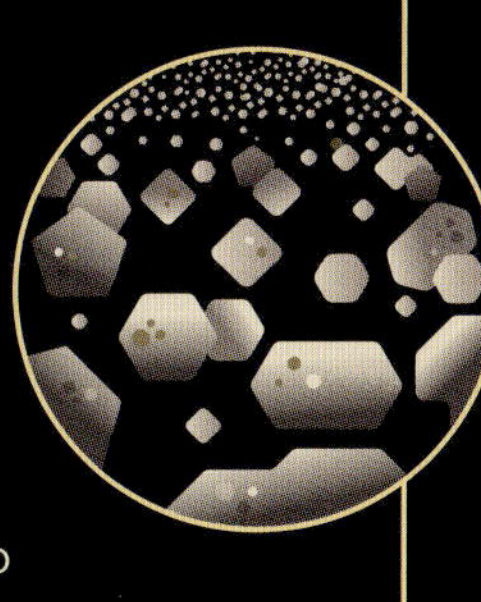

Anillos luminosos

Iluminados por el Sol, **los anillos** de Saturno **resplandecen** en el espacio en esta impresionante imagen tomada por la nave Cassini de la NASA. Los científicos creen que el sistema de anillos se formó hace entre 10 y 100 millones de años, y que la gravedad de Saturno impidió que los fragmentos de anillo crearan una luna. Los anillos principales abarcan **280 000 km** (174 000 millas) y son asombrosamente finos, pues no miden más de **10 m** (33 ft) de profundidad.

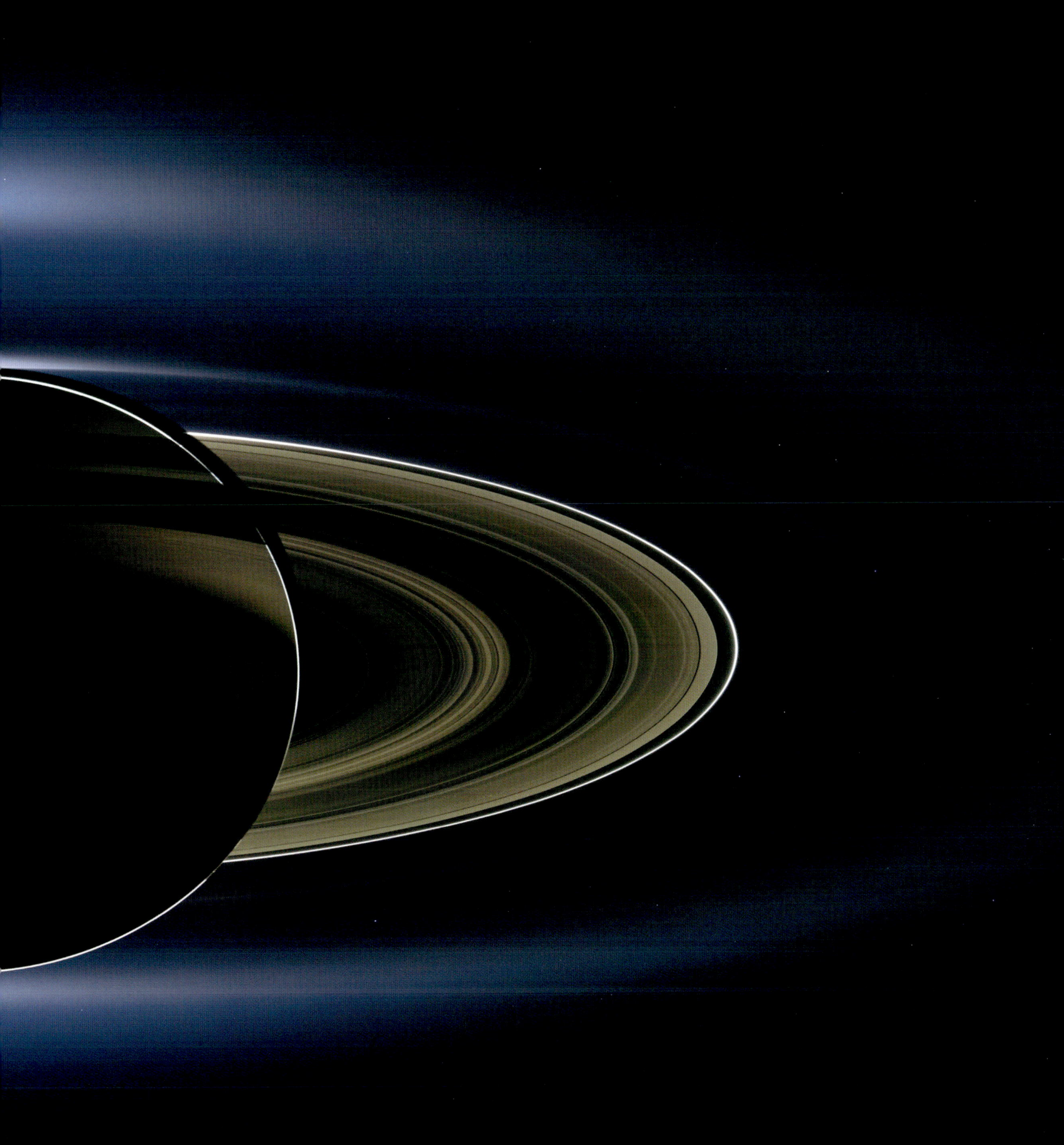

Las lunas de Saturno

SATURNO TIENE MÁS LUNAS QUE CUALQUIER OTRO PLANETA DEL SISTEMA SOLAR. Esta inmensa colección de más de 140 lunas también cuenta con algunos miembros insólitos. Su tamaño va desde objetos diminutos a algunas de las lunas más grandes jamás descubiertas alrededor de cualquier planeta. La primera de las lunas de Saturno que se localizó fue Titán en 1655. Más de 360 años después, los científicos siguen descubriendo nuevas lunas.

Los científicos creen que dos grandes lunas heladas chocaron entre sí y crearon los anillos de Saturno y muchas de sus otras **LUNAS.**

ENCÉLADO

Encélado es uno de los cuerpos celestes más brillantes del sistema solar. Esto se debe a que la recubre una fina capa de hielo. Los científicos creen que quizá sea uno de los pocos mundos que cuente con un océano de agua líquida bajo su superficie. También tiene más de 100 criovolcanes, que expulsan hielo y otros materiales constantemente sobre su superficie. Parte de estos materiales congelados es lanzada al espacio y acaba en el anillo exterior de Saturno.

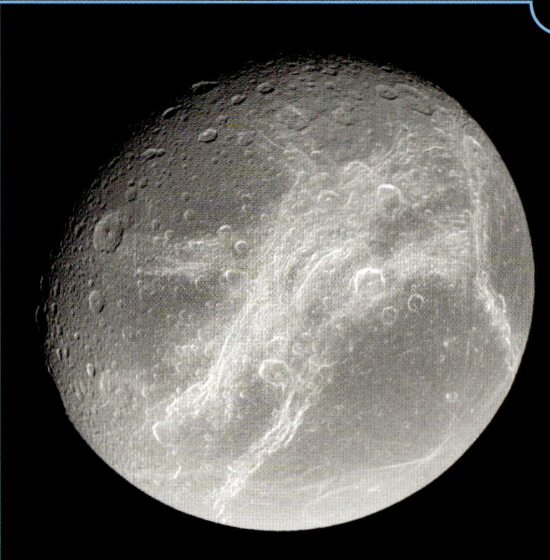

DIONE

La superficie helada de Dione está salpicada de cráteres, de grandes cañones y de acantilados. La luna orbita alrededor de Saturno cada 2,7 días, dentro del anillo exterior del planeta, y le acompañan dos pequeñas lunas irregulares, Helena y Pólux.

HIPERIÓN

No todas las lunas de Saturno son esféricas. Hiperión es la más grande de las lunas irregulares. Los profundos cráteres producto de colisiones le confieren su insólito aspecto de esponja. Cerca de un 40 % de la luna es espacio vacío, con huecos en el interior. A causa de su extraña forma, Hiperión completa su órbita alrededor de Saturno dando tumbos de manera caótica durante 21 días.

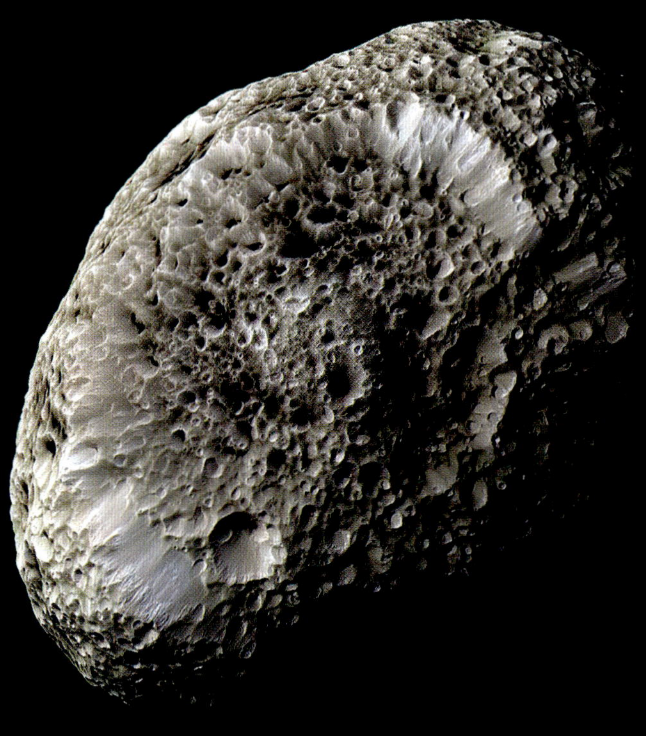

FEBE

A diferencia de la mayoría de las lunas de Saturno, Febe rota al contrario de las agujas del reloj en su órbita de 18 meses. Materiales procedentes de impactos de objetos contra esta luna se han unido al mayor anillo de Saturno y a la cercana luna Jápeto. La oscura superficie de Febe está plagada de cráteres inmensos.

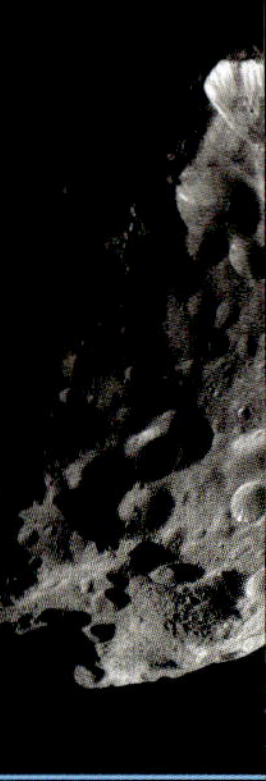

PAN

Esta luna de aspecto inusual ha recogido material de los anillos de Saturno, que ahora forma una larga cresta alrededor de la luna. Pan orbita alrededor del gigante de gas por dentro de sus anillos, y se le conoce como «la luna pastora» porque «pastorea» el material del interior de la brecha.

JÁPETO

Jápeto es una luna de aspecto peculiar con una cara brillante y otra muy oscura. Se desconoce el motivo exacto de ello. Algunos científicos sugieren que la materia oscura proviene de otra luna y que cae sobre la superficie de la Jápeto, mientras que hay quien piensa que las erupciones volcánicas bajo la superficie de la luna podrían ser las responsables de la materia oscura.

TITÁN

Titán, la mayor luna de Saturno, es la segunda más grande del sistema solar después de la Ganímedes de Júpiter, que solo es un 2 % más grande que esta. Titán dispone de una atmósfera densa, que le confiere un aspecto brumoso. También cuenta con ríos de etano y de metano que fluyen por su superficie. Esta es una imagen infrarroja compuesta de Titán de la sonda Cassini de la NASA.

DAFNE

Dafne es otra luna que se encuentra en el interior de los anillos de Saturno. Mientras orbita alrededor del planeta, la gravedad de la luna afecta a la materia del interior de los anillos y crea ondulaciones en forma de olas por todos los bordes de los anillos.

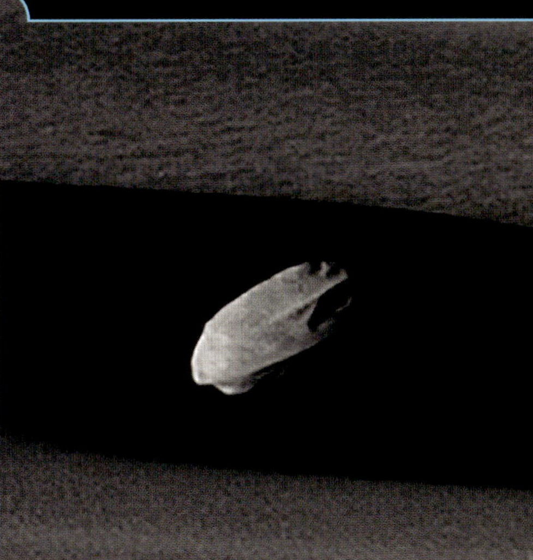

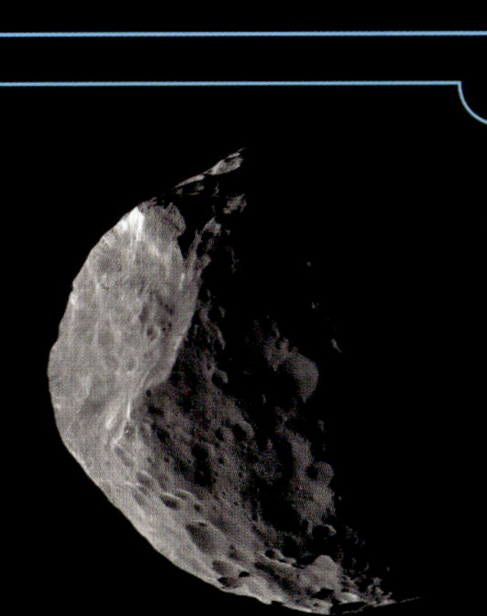

MIMAS

Mimas es la más pequeña de las lunas mayores de Saturno y la más cercana al gigante de gas. Cubierta de cráteres, alberga el enorme cráter Herschel, que mide 140 km (87 millas) de ancho. Es tan grande que a los científicos les sorprende que no destruya Mimas.

FECHA DE LANZAMIENTO

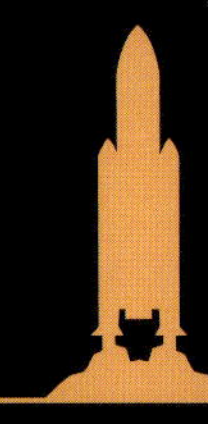

15 de octubre de 1997

DURACIÓN DEL TRAYECTO

Cassini tardó 7 años en llegar a Saturno y utilizó vuelos de reconocimiento de Venus y de Júpiter para impulsar su desplazamiento.

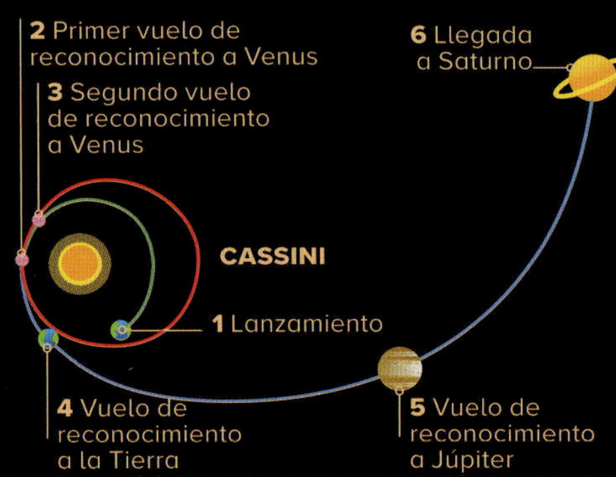

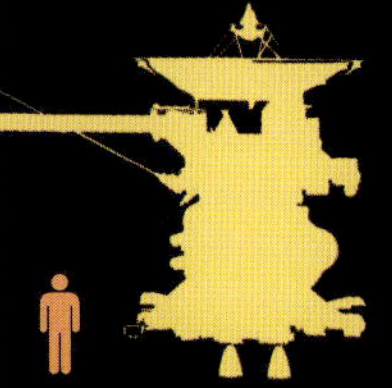

TAMAÑO

6,7 m (22 ft) de largo por **4 m** (13 ft) de ancho.

VELOCIDAD MÁXIMA

158 273 km/h

(98 346 mph)

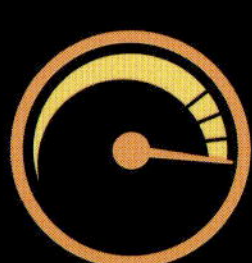

¡DESPIERTA!

Durante el viaje a Saturno, se puso a la Cassini-Huygens en modo de bajo consumo y, de tanto en tanto, la NASA la reactivaba para comprobar que seguía funcionando.

MÓDULO DE ATERRIZAJE HUYGENS

En 2005, Huygens aterrizó en Titán. Fue el aterrizaje más lejano jamás conseguido por una nave espacial de la Tierra. El módulo de aterrizaje Huygens operó sobre Titán durante unas tres horas y media.

La misión Cassini recogió **635 GIGABYTES DE INFORMACIÓN**; el equivalente a 159 000 fotos de alta resolución.

La **antena parabólica** de Cassini medía unos 4 m (13 ft) de diámetro; tenía que ser grande para emitir señales que atravesaran la monumental distancia entre Saturno y la Tierra.

La misión de **CASSINI** finalizó en 2017... cuando se le acabó el combustible, se precipitó sobre las nubes de **SATURNO**, pero continuó tomando imágenes hasta el último momento.

Explorando Saturno

Esta es una de las tres **antenas** utilizadas para detectar ondas de radio en la atmósfera exterior de Saturno.

CASSINY-HUYGENS ES UNA DE LAS NAVES ESPACIALES MÁS GRANDES QUE HA ORBITADO ALREDEDOR DE OTRO PLANETA. Durante 13 años, estudió Saturno con sumo detalle. Cassini descubrió dos nuevos anillos e identificó siete lunas anteriormente desconocidas que orbitaban alrededor del planeta. Calculó la duración del día de Saturno —cuánto tarda en completar una rotación sobre su propio eje— y observó los cambios de color estacionales de la singular tormenta hexagonal del planeta. La nave también transportaba un pequeño módulo de aterrizaje llamado Huygens.

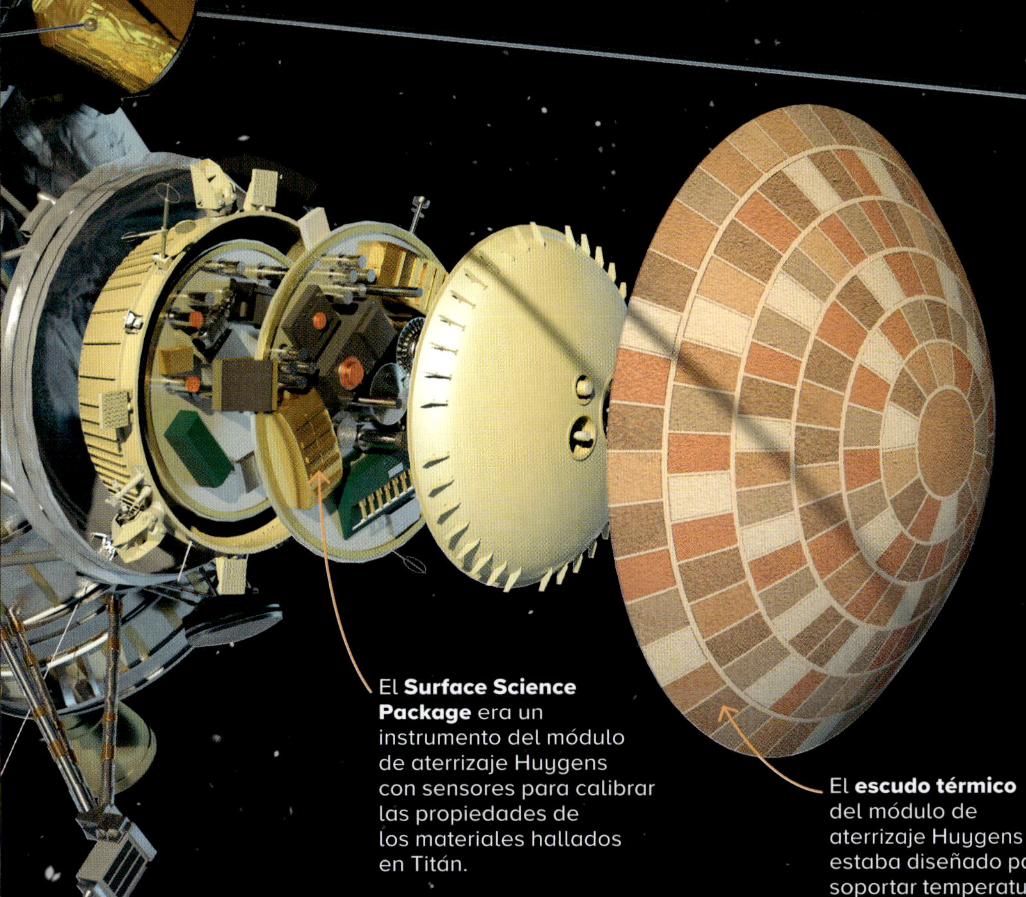

El **Surface Science Package** era un instrumento del módulo de aterrizaje Huygens con sensores para calibrar las propiedades de los materiales hallados en Titán.

El **escudo térmico** del módulo de aterrizaje Huygens estaba diseñado para soportar temperaturas por encima de los 1500 °C (2732 °F), la misma de un reactor.

La misión **CASSINI-HUYGENS** fue un empeño internacional, en el que se involucraron la NASA, la Agencia Espacial Europea y la Agencia Espacial Italiana. Fue una misión compleja porque suponía operar dos naves espaciales que acabarían separándose para llevar a cabo cada una sus propias exploraciones científicas.

HUYGENS EN TITÁN

El objetivo principal de la misión Huygens no era Saturno, sino Titán, su luna más grande. El módulo de aterrizaje se separó de Cassini, tras viajar 7 años con ella, y descendió en paracaídas a la superficie de la luna. Huygens descubrió lagos de metano y un paisaje salpicado de guijarros marrón-anaranjados.

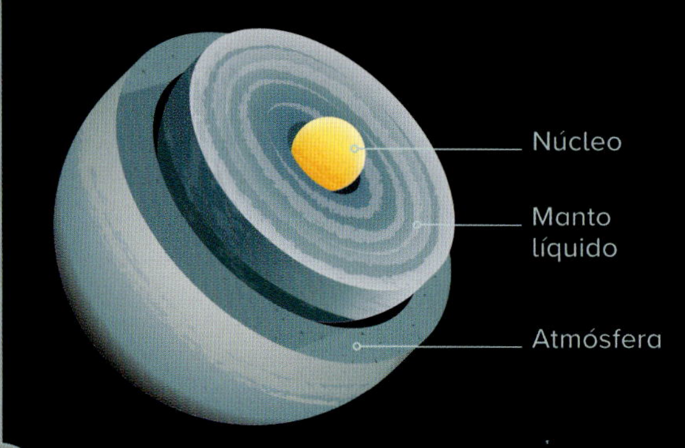

GIGANTE DE HIELO

Las capas externas de Urano se componen sobre todo de hidrógeno, gas helio y algo de metano, que le confiere al planeta su característico color azul. Pero a diferencia de los gigantes de gas Júpiter y Saturno, el pequeño y denso núcleo de Urano está rodeado de una capa helada de agua, amoniaco y metano.

Rotador lateral

URANO ES UN PLANETA EXTRAORDINARIO. Es el único planeta del sistema solar que orbita de lado alrededor del Sol. Esta inclinación lateral provoca estaciones más extremas que cualquier otro planeta; cada polo experimenta 42 años de luz solar y 42 años de oscuridad. Como el resto de los gigantes de gas del sistema solar, Urano tiene anillos.

Urano es el planeta más frío del **sistema solar.**

Las nubes de Urano contienen **SULFURO DE HIDRÓGENO**, el mismo químico que le da a los huevos podridos su característico **OLOR**.

En **MIRANDA**, la luna de Urano, se halla el acantilado más alto del sistema solar; su altura es **CUATRO VECES** mayor que la profundidad del Cañón del Colorado (EE. UU.).

Miranda
10 000 m
(32 800 ft)

Point Imperial, Cañón del Colorado
2683 m (8820 ft)

Como puede verse en esta imagen tomada por el Voyager 2 de la NASA, **URANO** en gran medida es uniforme. Sin embargo, se han detectado descomunales tormentas y auroras infrarrojas por el polo norte del planeta.

El **metano** de la atmósfera absorbe la luz roja y amarilla, y refleja la azul, lo que le confiere a Urano su color.

Las tenues **bandas de nubes** se componen de metano y gases sulfúricos

DIÁMETRO

	La Tierra	Urano
km	12 756 km	51 118 km
millas	7926 millas	31 763 millas

AÑO

LA TIERRA **365 días**

URANO **30 688 días terrestres**

DÍA

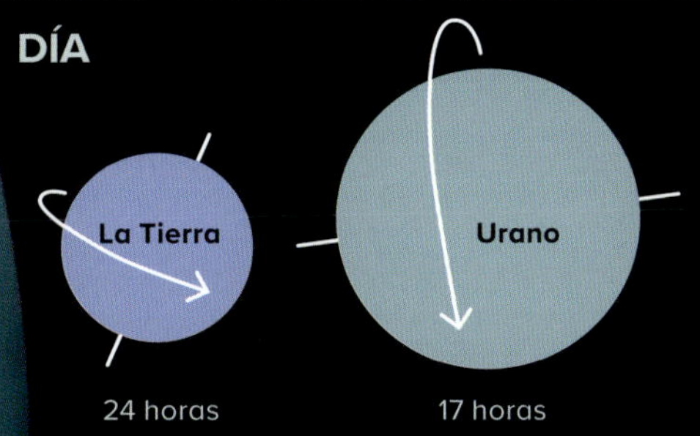

TEMPERATURA DEL TECHO DE NUBES

-197 °C (-323 °F)

AURORAS

El campo magnético de Urano se inclina 60° desde el eje de rotación, lo que provoca que las auroras del planeta se produzcan lejos de los polos.

ANILLOS Y LUNAS

Urano posee un tenue grupo de 13 anillos y 28 lunas conocidas, que también rotan de manera lateral. Los anillos están hechos de polvo, y cuesta verlos pues no reflejan mucha luz solar. Esta imagen que tomó el telescopio espacial James Webb capta el sistema de anillos, las lunas (puntos azules) y el casquete polar norte.

La Luna

Casquete polar

TAMAÑO

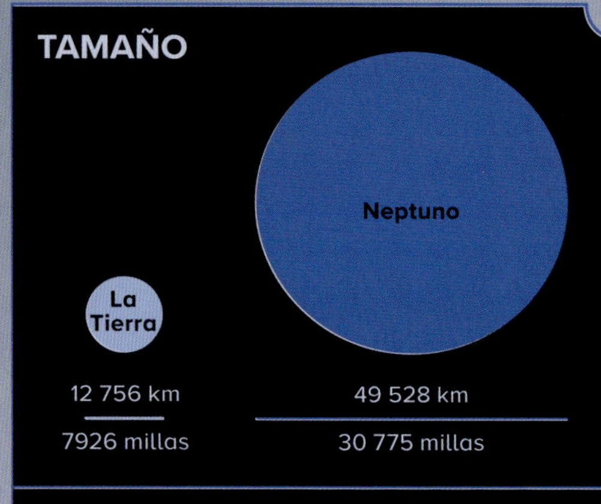

Neptuno
La Tierra
12 756 km
7926 millas
49 528 km
30 775 millas

AÑO

LA TIERRA **365 días**

NEPTUNO **60 190 días terrestres**

DÍA

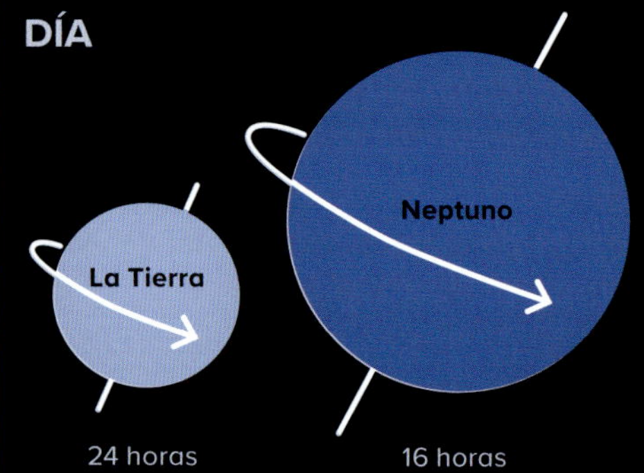

La Tierra
Neptuno
24 horas
16 horas

TEMPERATURA DEL TECHO DE NUBES

-201 °C (-330 °F)

LUNAS

Hasta ahora se han descubierto 16 lunas que orbitan alrededor de Neptuno. Solo una de ellas, Tritón, es esférica.

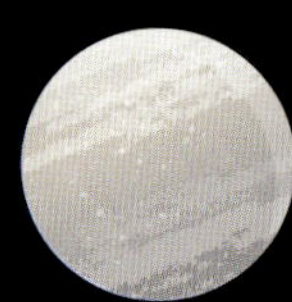

Tritón

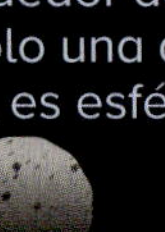

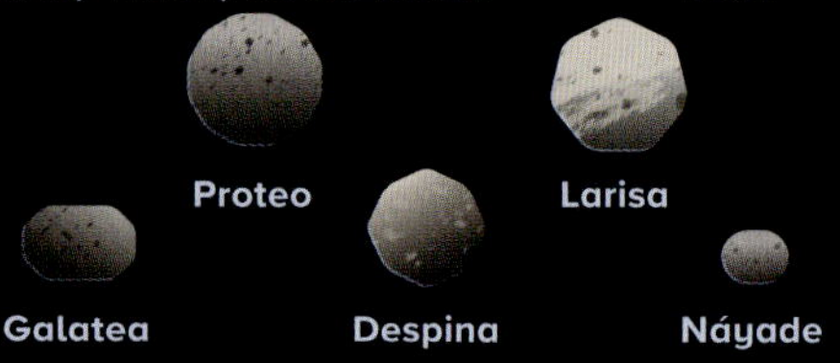

Proteo
Larisa
Galatea
Despina
Náyade

RÉCORD DE ORO

La sonda espacial Voyager 2, lanzada por la NASA en 1977, tardó 12 años en llegar a Neptuno. En su maratoniana misión, transportó un disco de oro grabado con música, saludos en 55 idiomas, imágenes y sonidos de la Tierra.

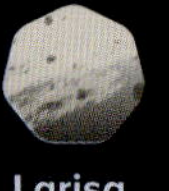

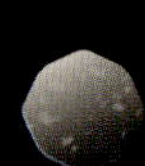

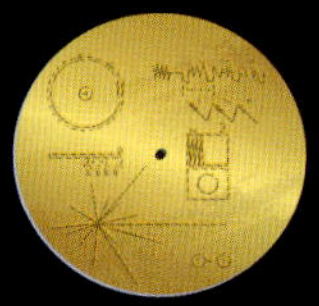

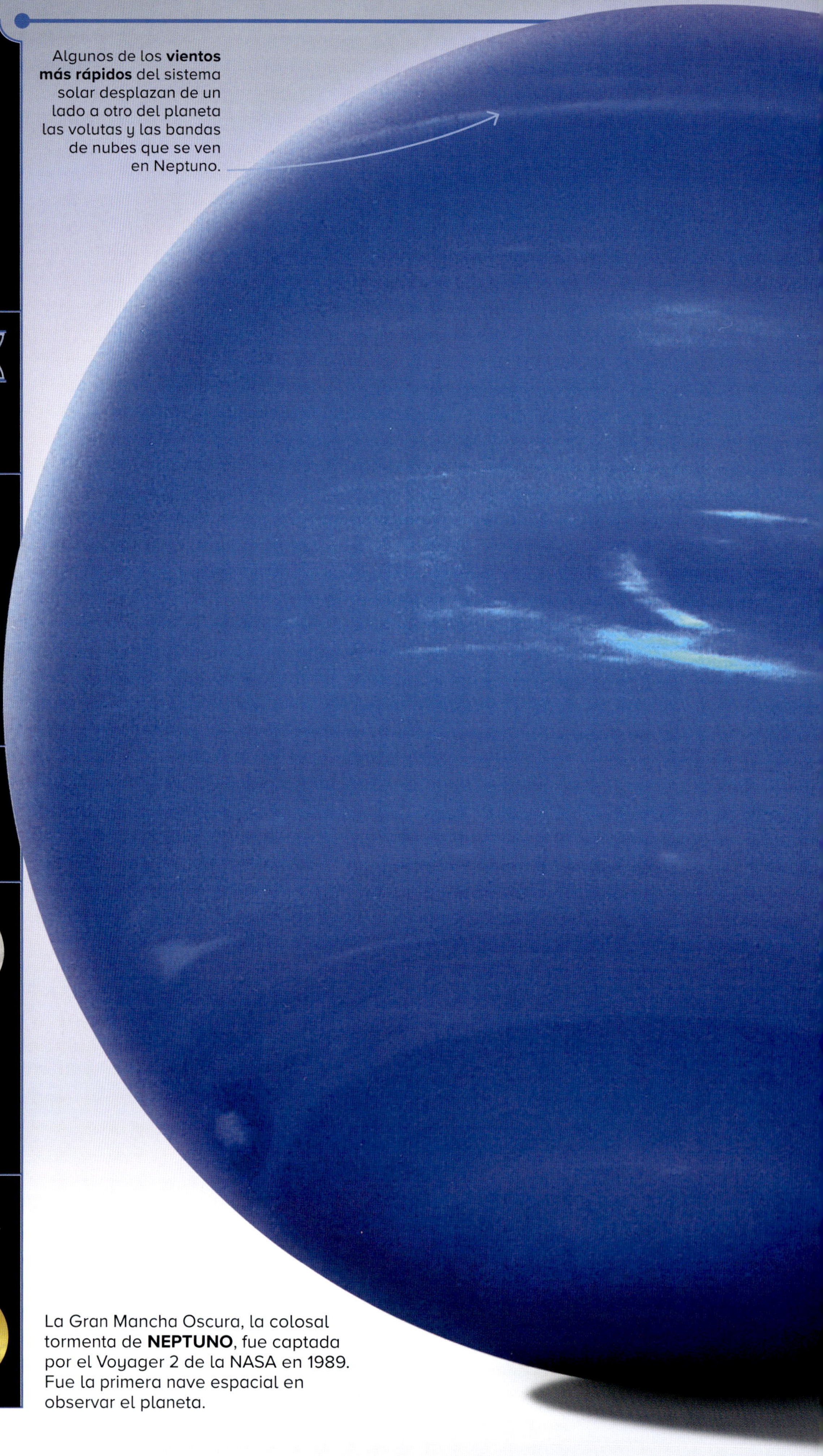

Algunos de los **vientos más rápidos** del sistema solar desplazan de un lado a otro del planeta las volutas y las bandas de nubes que se ven en Neptuno.

La Gran Mancha Oscura, la colosal tormenta de **NEPTUNO**, fue captada por el Voyager 2 de la NASA en 1989. Fue la primera nave espacial en observar el planeta.

La **Gran Mancha Oscura** fue una tormenta del tamaño de la Tierra. Hacia 1994 ya había amainado.

ANILLOS DE POLVO

El telescopio espacial James Webb de la NASA capturó esta espectacular imagen infrarroja de Neptuno y de sus tenues anillos de polvo. Los cinco anillos parecen estar encogiéndose, y algunos científicos creen que empezarán a desaparecer durante los próximos 100 años.

Gigante de hielo

NEPTUNO ES EL PLANETA MÁS LEJANO DE NUESTRO SISTEMA SOLAR. También es el planeta descubierto más recientemente. En 1846, tras hacer algunos cálculos, los astrónomos apuntaron sus telescopios hacia donde creían que se hallaría: habían descubierto el octavo planeta del sistema solar. Neptuno se compone en su mayor parte de amoniaco helado, agua y metano, todo ello alrededor de un núcleo pequeño y rocoso. El planeta, que obtiene su asombroso color azul de la luz del sol que brilla sobre el metano, está rodeado de anillos tenues.

Tritón, la luna más grande de Neptuno, va cayendo lentamente hacia el planeta y, dentro de unos **3600 MILLONES DE AÑOS**, la gravedad de Neptuno la destruirá.

El **VIENTO** de Neptuno puede alcanzar rachas de más de **2000 KM/H** (1240 mph), las más potentes y rápidas de los planetas del sistema solar.

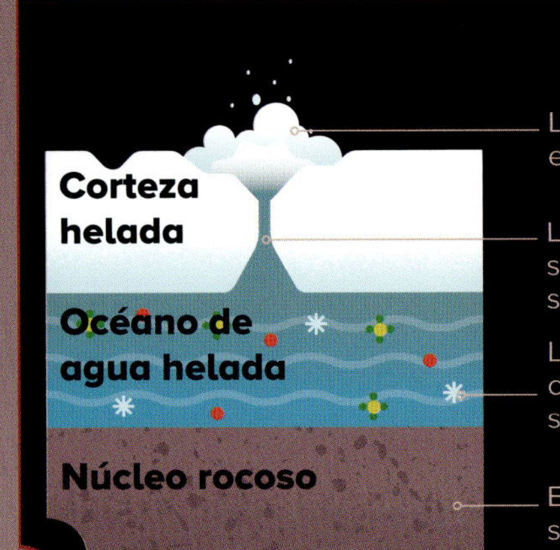

VOLCANES DE HIELO

En Plutón se han descubierto dos inmensas montañas de aspecto insólito que podrían ser criovolcanes. En vez de expulsar roca fundida como los volcanes de la Tierra, una mezcla licuada de líquidos y hielo fluye hacia la superficie, y luego se congela. Los científicos creen que esta actividad la impulsa el calor que generan los elementos radioactivos en descomposición del núcleo rocoso de Plutón.

Un mundo pequeño

ANTES SE HABLABA DE PLUTÓN COMO EL NOVENO PLANETA DEL SISTEMA SOLAR. Sin embargo, en 2006 se lo reclasificó como planeta enano debido a su reducido tamaño. Plutón orbita alrededor del Sol en un extremo del sistema solar. La nave New Horizons de la NASA tardó más de 9 años en plantarse en el planeta enano, adonde llegó en 2015. La nave envió imágenes que mostraban montañas, cañones, volcanes y una inmensa región helada en forma de corazón.

Como las **BURBUJAS** de una lámpara de lava, las burbujas de hielo reciente se desplazan hacia arriba y sustituyen al hielo antiguo en la **SUPERFICIE DE PLUTÓN**.

Los compuestos presentes en la superficie de Plutón dan lugar a **colores vivos**, que van desde zonas de un negro intenso a otras de un rojo brillante.

Plutón 5 horas y media

La Tierra 8 minutos

LA LUZ DEL SOL tarda **5 HORAS Y MEDIA** en llegar a Plutón.

En esta imagen tomada por la nave New Horizons de la NASA, se han realzado los colores de la superficie de **PLUTÓN**. Cada característica de la tierra tiene su propio color, lo que revela su composición química.

La región **en forma de corazón** se llama Tombaugh Regio en honor al astrónomo estadounidense Clyde Tombaugh, que descubrió Plutón en 1930.

Existe la posibilidad de que **Wright Mons**, que debe su nombre a los hermanos Wright, pioneros de la aviación estadounidense, sea un criovolcán.

TAMAÑO

La Tierra: 12 756 km / 7926 millas

Plutón: 2376 km / 1476 millas

AÑO

LA TIERRA **365 días**

PLUTÓN **90 560 días terrestress**

DÍA

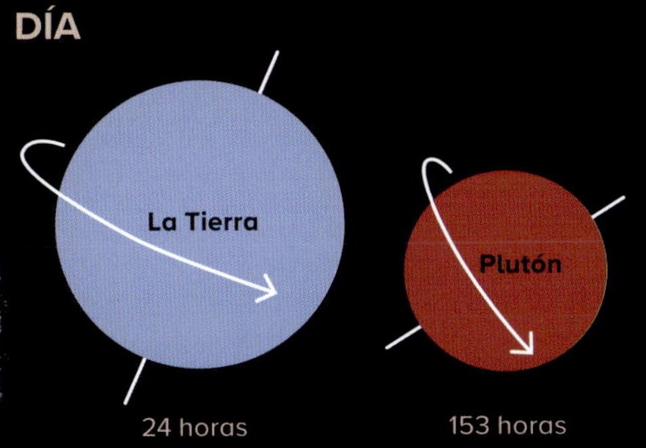

TEMPERATURA DE LA SUPERFICIE

-233 °C (-387 °F)

LUNAS

Plutón tiene cinco lunas. La mayor de ellas es Caronte, cuyo tamaño es la mitad del de Plutón.

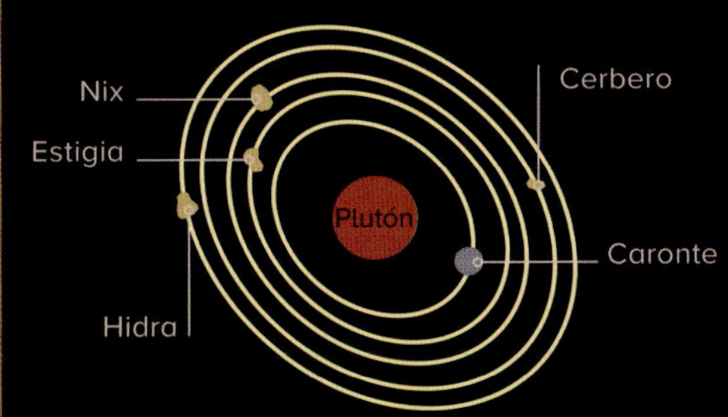

ATMÓSFERA

Plutón tiene una atmósfera extremadamente fina compuesta de hidrógeno y metano. Es 100 000 veces más delgada que la atmósfera de la Tierra.

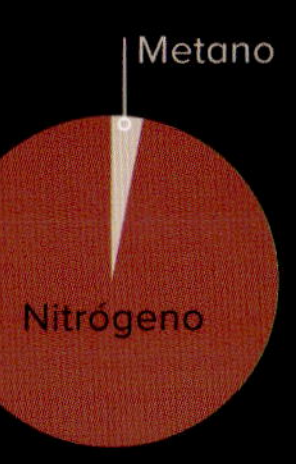

Bolas de nieve espaciales

A VECES, UN COMETA SURCA EL CIELO NOCTURNO Y VUELVE A DESAPARECER EN EL ESPACIO. Los cometas se componen de hielo, gases y polvo restantes de la formación del sistema solar. En ocasiones, la gravedad de planetas cercanos o de otros objetos espaciales lanza a estos visitantes del espacio exterior a nuevas órbitas y los trae al sistema solar interno. A medida que se acercan al Sol, el hielo de la superficie se evapora y libera gas y polvo, que forma dos colas distintas que relucen en el cielo nocturno.

Los gases y el polvo liberados forman una atmósfera alrededor del cometa llamada **coma.**

El centro congelado de un cometa se llama **núcleo**; también conocido como bola de nieve sucia.

EL COMETA LEONARD, que vemos aquí, se divisó por primera vez en 2021. Su mayor acercamiento a la Tierra se produjo en diciembre de 2021, cuando cruzó resplandeciente el cielo nocturno. No volverá a ser visible desde la Tierra, ya que su órbita lo aleja del Sol y lo adentra para siempre en el sistema solar exterior.

TAMAÑO

El núcleo de un cometa puede medir desde unos pocos metros hasta decenas de kilómetros de diámetro. Su cola puede tener más de

1 000 000 km
(600 000 millas) de largo.

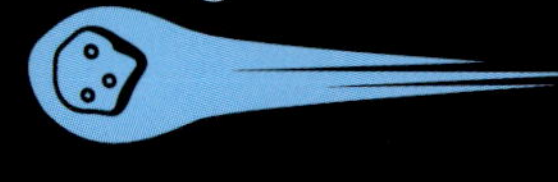

UBICACIÓN

Los científicos calculan que existen unos 12 billones de cometas en la nube de Oort, una descomunal nube esférica que rodea al sistema solar. En el cinturón de Kuiper, que se encuentra más allá de la órbita de Neptuno, también hay cometas.

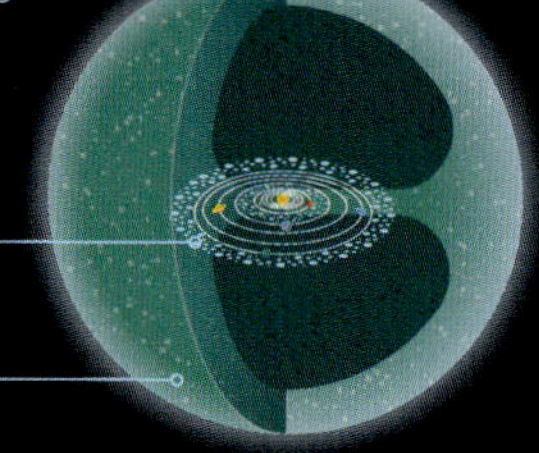

Sistema solar

TIPOS DE COMETA

Hay dos tipos de cometa:

Los cometas de periodo largo, que provienen de la nube de Oort y tardan más de 200 años en orbitar alrededor del Sol.

Los cometas de periodo corto, que provienen del cinturón de Kuiper y tardan menos de 200 años en orbitar alrededor del Sol.

Cometa de periodo largo

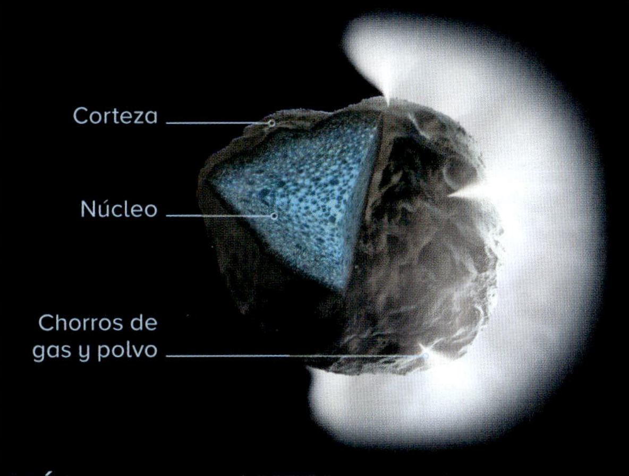

NÚCLEO DEL COMETA

El núcleo de un cometa se compone de una mezcla de hielo y polvo unidos por la gravedad. Su superficie está cubierta por una capa de compuestos de carbono oscuro que absorben la mayor parte de la luz del sol y convierte a los núcleos de los cometas en uno de los objetos más oscuros del sistema solar. En la cara orientada al Sol, surgen chorros de gas y polvo a medida que el calor del Sol provoca que la superficie se evapore.

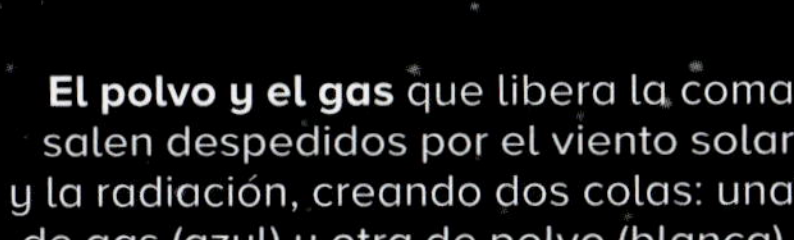

El polvo y el gas que libera la coma salen despedidos por el viento solar y la radiación, creando dos colas: una de gas (azul) y otra de polvo (blanca).

La palabra «cometa» proviene del griego *kometes*, que significa **«ESTRELLA DE PELO LARGO»**.

Cometa de periodo corto

MEGACOMETA

El mayor cometa descubierto hasta ahora —el cometa Bernardinelli-Bernstein— mide unos

129 km (80 millas)

de diámetro y pesa más de

450 billones de toneladas
(500 billones de tons).

Al principio se lo confundió con un planeta enano.

COMA VERDE

El cometa verde se divisó por primera vez en California (EE. UU.), en 2022. La última vez que había podido verse en la Tierra fue hace 50 000 años, durante la Edad de Piedra. Su inconfundible coma verde se debe a los gases como el carbono y el cianógeno, que emiten luz verde cuando se exponen a la luz del Sol.

FECHA DE LANZAMIENTO

2 de marzo de 2004

VUELOS DE RECONOCIMIENTO

Rosetta realizó tres vuelos de reconocimiento a la Tierra y uno a Marte para llegar al 67P/Churyumov-Gerasimenko.

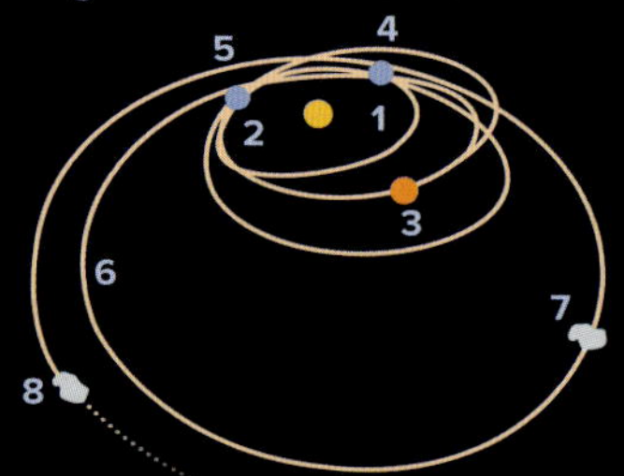

1. Salida de la Tierra
2. Sobrevuelo a la Tierra 1
3. Sobrevuelo a Marte
4. Sobrevuelo a la Tierra 2
5. Sobrevuelo a la Tierra 3
6. Entrada en el espacio profundo
7. Llegada al cometa
8. Final de la misión

TAMAÑO DE LA NAVE

ROSETTA

2,8 m

(9 ft) de ancho

(sin paneles solares)

PHILAE

1 m

(3,3 ft) de ancho

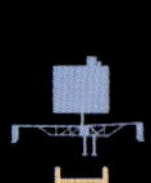

TAMAÑO DEL COMETA

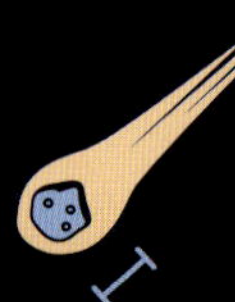

4,3 km

(2,7 millas) de largo

FINAL DE LA MISIÓN

Rosetta orbitó alrededor del cometa durante dos años. La misión finalizó en septiembre de 2016 cuando la nave hizo un aterrizaje forzoso planificado y se unió a Philae en la superficie del cometa.

HERRAMIENTAS ESPACIALES

El módulo de aterrizaje iba equipado con herramientas para analizar gases y los materiales de la superficie. También emitió señales de radio por todo el cometa para obtener más información sobre su estructura interna.

Cazador de cometas

EN 2014, LA SONDA ESPACIAL ROSETTA LLEGÓ A SU DESTINO EN EL SISTEMA SOLAR EXTERIOR: el cometa 67P/Churyumov-Gerasimenko. Para el trayecto, que duró una década, Rosetta tuvo que utilizar la gravedad de la Tierra y de Marte para conseguir velocidad suficiente, en una especie de maniobra de tirachinas a través del espacio, para alcanzar su objetivo. Esta misión marcó la primera vez que una nave espacial llegaba con éxito a un cometa. Equipada con cámaras, Rosetta cartografió la superficie del cometa. También se desprendió del módulo de aterrizaje Philae.

Philae fue la **PRIMERA NAVE ESPACIAL** que aterrizó en un **COMETA.**

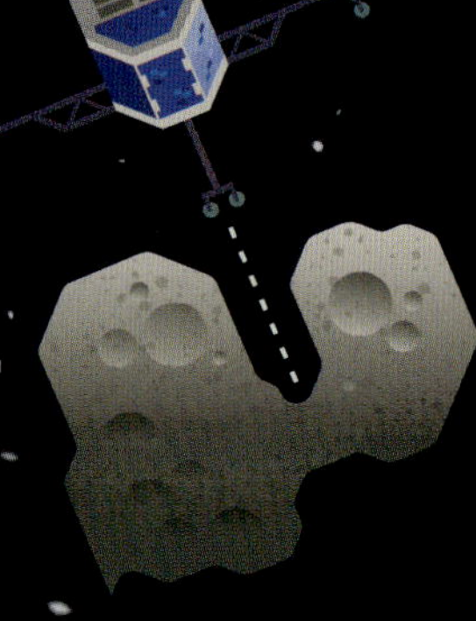

EL ORBITADOR ROSETTA voló cerca de dos asteroides, recopiló información y finalmente llegó al cometa, donde se desprendió del módulo de aterrizaje Philae, como se ve en la ilustración.

La enorme **antena** permitió a la nave enviar la información a la Tierra y recibir órdenes del centro de control terrestre.

Para **AHORRAR ENERGÍA**, Rosetta durmió durante **DOS AÑOS Y MEDIO** de su viaje.

Orbitador Rosetta

Los **paneles solares** contaban con una envergadura equivalente a la longitud de una cancha de baloncesto.

Módulo de aterrizaje Philae

ATERRIZAJE FORZOSO

El trayecto de Philae hasta la superficie del cometa fue peligroso. Cuando tocó tierra, no consiguió anclarse al suelo y rebotó, aterrizando en un hoyo sombrío. Consiguió llevar a cabo algunos experimentos durante unas 60 horas antes de quedarse sin batería.

Esta es la primera imagen que envió Philae tras aterrizar. Puede verse una de sus patas sobre la superficie del cometa.

EL CORAZÓN HELADO DE PLUTÓN

Antes de que New Horizons llegara a Plutón, las únicas imágenes que teníamos del planeta enano eran borrosas. New Horizons desentrañó el misterio de la superficie de Plutón y reveló una zona enorme y pálida en forma de corazón. Se cree que, en la cara izquierda del corazón, llamada Sputnik Planitia, tuvo lugar un impacto. La cara derecha del corazón es una capa de hielo de nitrógeno que ha salido despedida desde la cara izquierda.

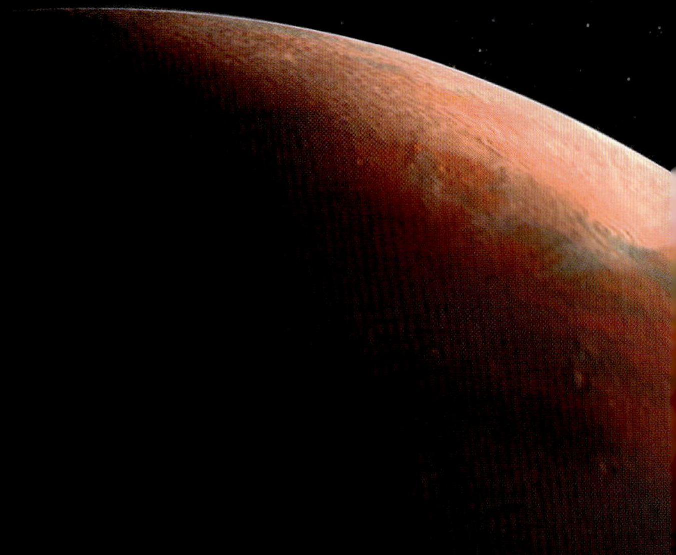

La **antena** en forma de disco de New Horizons mide 2,1 m (6,9 ft) de ancho. Dada la distancia de la nave, tarda más de cuatro horas en recibir órdenes de la Tierra o en enviar información.

El **recubrimiento dorado** consiste en una lámina plástica con un revestimiento metálico que aísla a New Horizons, ya que retiene el calor que generan los aparatos electrónicos del interior de la nave, y así los mantiene en funcionamiento pese al ambiente gélido del espacio.

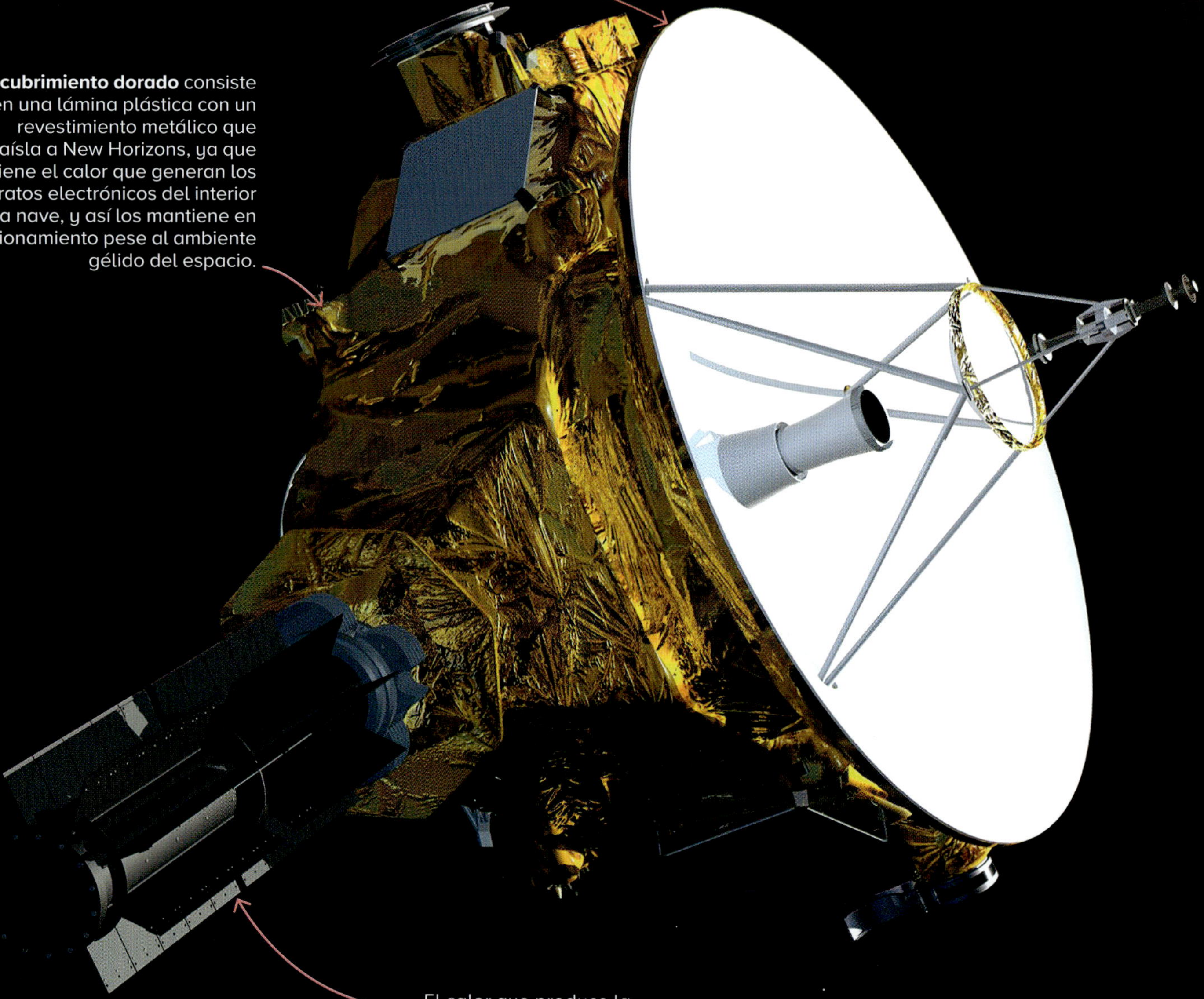

El calor que produce la desintegración del **plutonio radioactivo** genera la energía eléctrica a bordo.

Misión a Plutón

New Horizons voló a menos de 12 500 km (7800 millas) de Plutón en 2015. Cuando la nave realizó su vuelo de reconocimiento, estaba a unos 5000 millones de km (3000 millones de millas) de la Tierra.

LA NEW HORIZONS DE LA NASA ES LA PRIMERA NAVE ESPACIAL ENVIADA A PLUTÓN. Lanzada en 2006, voló sobre Júpiter al año siguiente y utilizó la gravedad del planeta para acelerar su viaje. Casi una década después de su lanzamiento, New Horizons llegó a Plutón y proporcionó las primeras vistas de cerca del planeta enano y de sus lunas. La misión continúa mientras la nave explora el cinturón de Kuiper en el sistema solar exterior y envía información científica valiosísima.

New Horizons tardó 16 meses en transmitir a la Tierra toda la **INFORMACIÓN** recopilada.

NEW HORIZONS puede ir más de 60 veces más rápido que **AVIÓN DE PASAJEROS**.

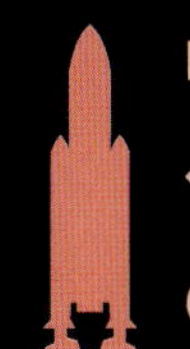

FECHA DE LANZAMIENTO

19 de enero de 2006

DISTANCIA RECORRIDA

5000 millones de km
(3000 millones de millas) hasta Plutón

LUNA VOLCÁNICA

La nave presenció descomunales erupciones volcánicas en Ío, la tercera luna más grande de Júpiter y el objeto volcánico más activo de nuestro sistema solar.

CINCO LUNAS

New Horizons estudió las cinco lunas de Plutón y desveló la detallada superficie de Caronte, la luna más grande. También descubrió que las otras cuatro lunas exteriores, mucho más pequeñas, giran de manera frenética mientras orbitan alrededor de Plutón.

MUÑECO DE NIEVE ESPACIAL

En 2019, New Horizons sobrevoló Arrokoth en el cinturón de Kuiper. Este cuerpo celeste se formó por la fusión de dos objetos helados, que dieron lugar a su apariencia de muñeco de nieve. Arrokoth es el objeto más lejano jamás explorado por una nave espacial.

MICROCHIP

New Horizons estaba controlado por el mismo microprocesador que la Playstation de Sony. Se adaptó para protegerlo de la dañina radiación solar.

Hogar galáctico

LA VÍA LÁCTEA, NUESTRO HOGAR GALÁCTICO, SE FORMÓ HACE UNOS 13 000 MILLONES DE AÑOS. Es una inmensa colección de estrellas, gas y polvo, así como de los planetas del sistema solar. En el corazón de la Vía Láctea se halla un agujero negro supermasivo conocido como Sagitario A*, que contiene la masa de 4,3 millones de soles y se traga todo aquello que se aventura a acercarse a él.

TAMAÑO

La Vía Láctea tiene

88 000 años luz

de diámetro. Eso quiere decir que, si pudieras viajar a la velocidad de la luz, tardarías 88 000 años en ir de un extremo al otro.

VISTA DE PERFIL

Vista desde un costado, la Vía Láctea tiene una protuberancia central. Esta región está abarrotada con las estrellas más viejas de la galaxia. El disco plano que rodea la zona central está lleno de estrellas jóvenes azules y blancas que constituyen los brazos oscilantes.

COLISIÓN CÓSMICA

Los datos recopilados por la nave Gaia de la NASA indican que hace unos 10 000 millones de años, la Vía Láctea o bien colisionó o bien se fusionó con una galaxia más pequeña, y crearon la estructura de nuestro hogar galáctico que conocemos hoy.

HUIDA GALÁCTICA

Si pudieras viajar a 1,6 millones de km/h (1 millón mph) escaparías de la gravedad de la Vía Láctea y podrías visitar otra galaxia.

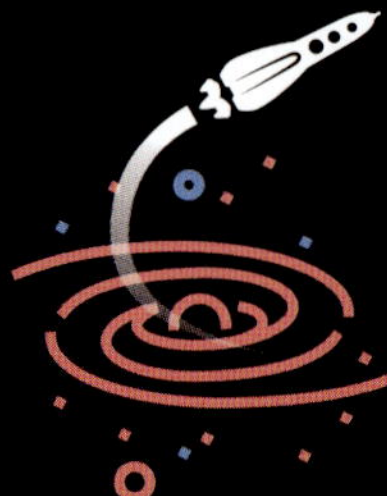

QUÍMICO INUSUAL

Los científicos han descubierto un químico llamado formiato de etilo en el centro de nuestra galaxia. Este químico es el que confiere el gusto y el sabor a las frambuesas.

Nuestro Sol y el sistema solar tardan **230 MILLONES DE AÑOS** en completar **UNA ÓRBITA** alrededor del centro de la Vía Láctea.

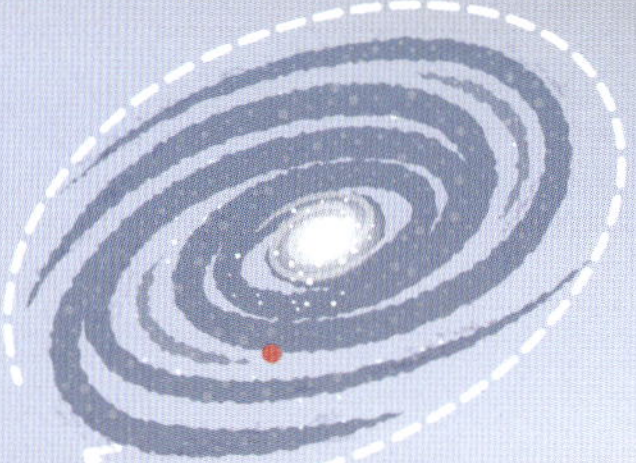

Unas burbujas gigantes de gas caliente, conocidas como **BURBUJAS DE FERMI**, se ciernen sobre la **VÍA LÁCTEA** y generan una energía equivalente a la de la explosión de miles de estrellas.

GALAXIA EN ESPIRAL

La Vía Láctea es una galaxia en espiral. Nuestro Sol y los planetas del sistema solar se encuentran en uno de sus brazos, llamado el Brazo de Orión. Un halo oscuro rodea a la galaxia. Ahora conocida como materia oscura, el halo actúa como una especie de «pegamento» cósmico y mantiene unida la Vía Láctea.

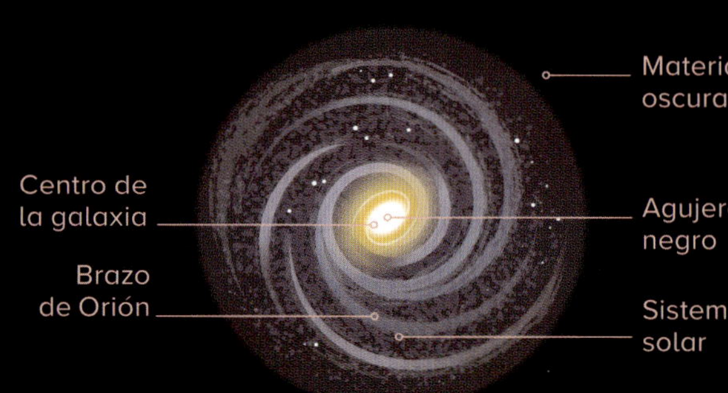

LA VÍA LÁCTEA no es más que una de las miles de millones de galaxias del universo. Se calcula que contiene entre 100 000 y 400 000 millones de estrellas, entre ellas nuestro Sol. Tras estudiar la posición de las estrellas, los científicos crearon esta imagen de cómo creemos que es el aspecto de la Vía Láctea.

Arco brillante

Todas las **estrellas** que vemos en el cielo nocturno están en nuestra galaxia. Pero desde la Tierra, solo podemos ver parte de la **Vía Láctea**; el borde del disco galáctico que forma un arco en el cielo. La luz de miles de millones de estrellas crea este arco brillante. Las manchas oscuras en el interior del arco son nubes de polvo y gas que impiden que pase la luz de otras estrellas.

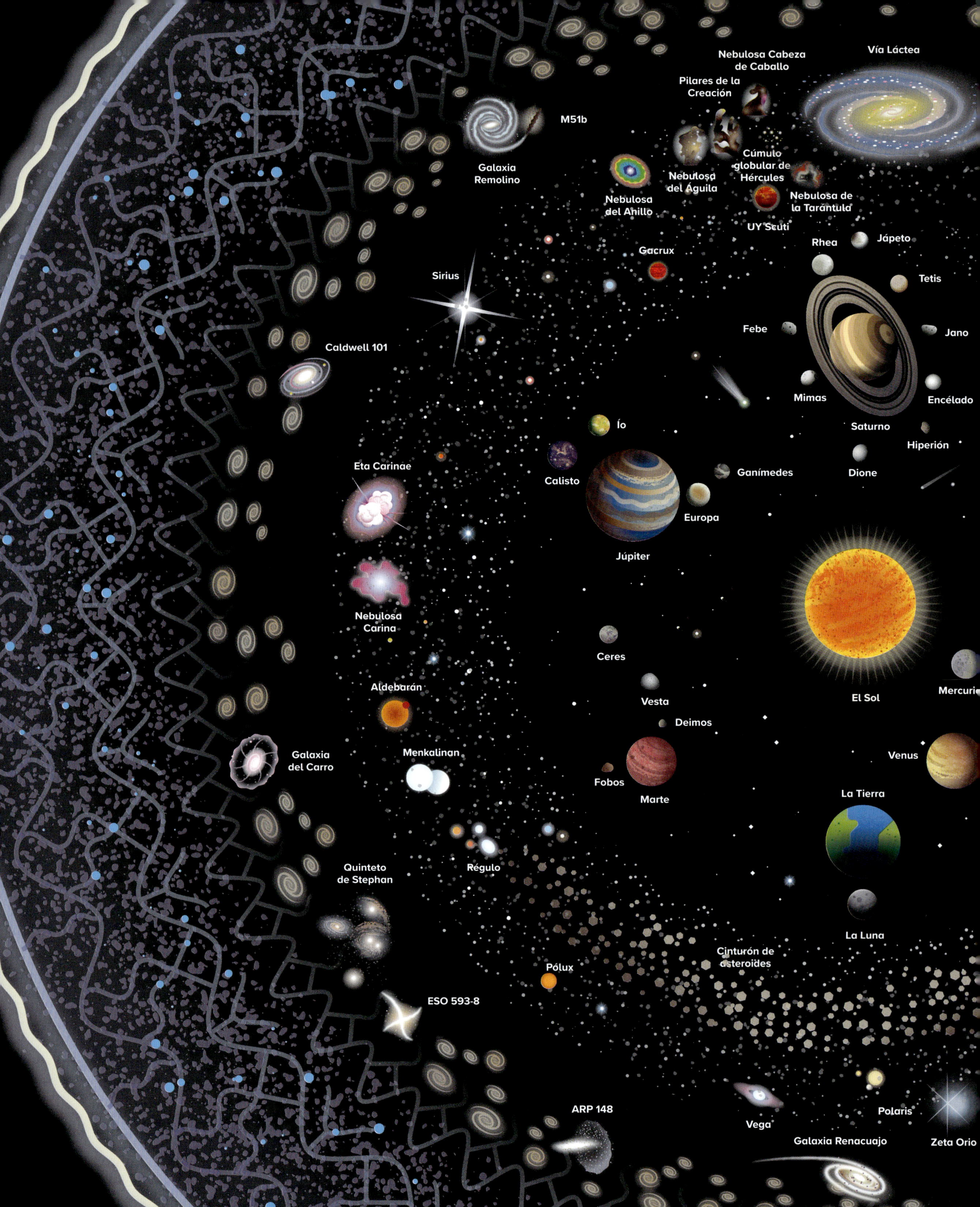

Nebulosa Cabeza de Caballo
Vía Láctea
Pilares de la Creación
M51b
Galaxia Remolino
Cúmulo globular de Hércules
Nebulosa del Águila
Nebulosa del Anillo
Nebulosa de la Tarántula
UY Scuti
Rhea
Jápeto
Gacrux
Sirius
Tetis
Febe
Jano
Caldwell 101
Mimas
Encélado
Saturno
Hiperión
Ío
Eta Carinae
Calisto
Ganímedes
Dione
Europa
Júpiter
Nebulosa Carina
Ceres
Aldebarán
Vesta
El Sol
Deimos
Galaxia del Carro
Menkalinan
Venus
Fobos
Marte
La Tierra
Quinteto de Stephan
Régulo
La Luna
Cinturón de asteroides
Pólux
ESO 593-8
ARP 148
Polaris
Vega
Galaxia Renacuajo

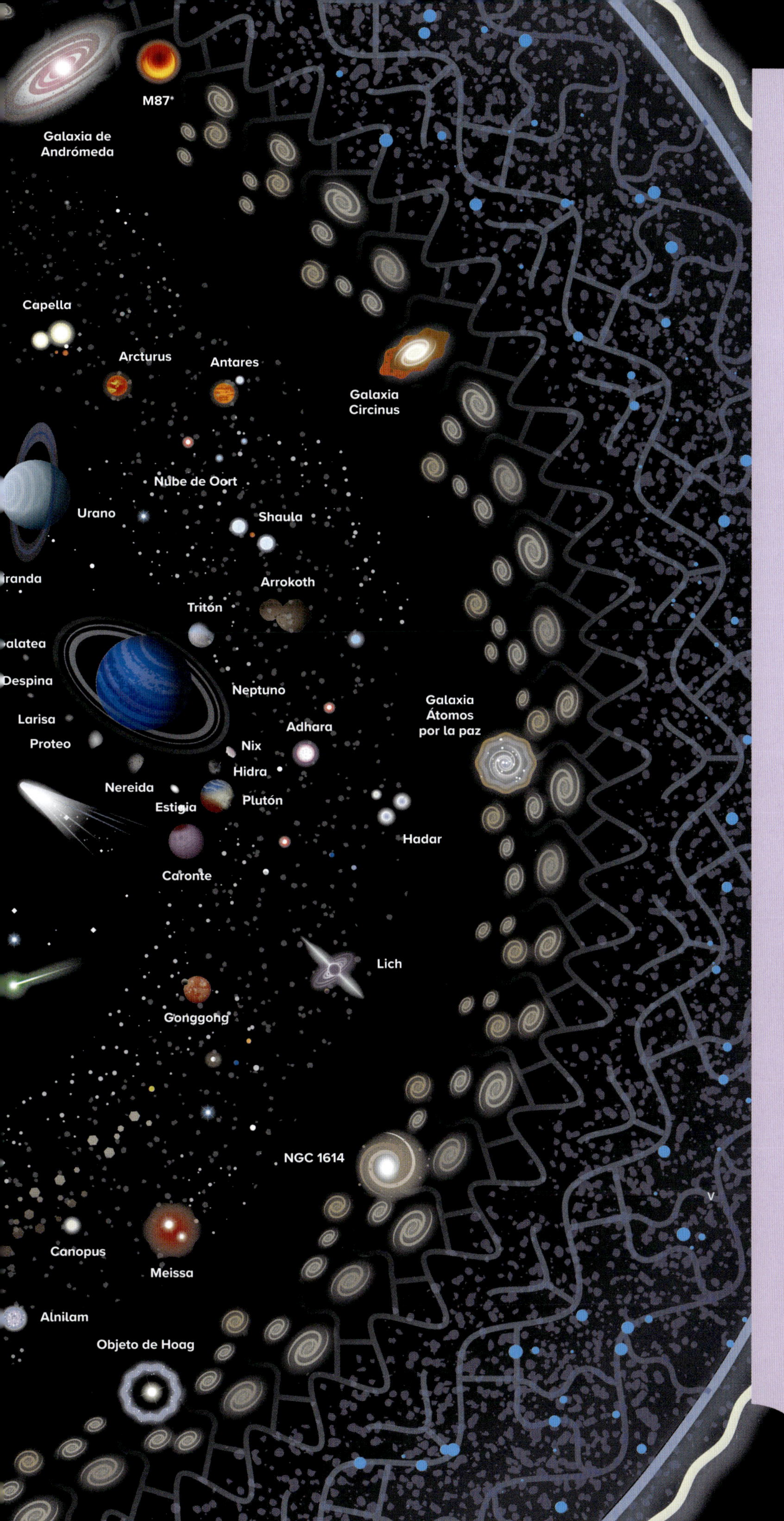

Observando el universo

El sistema solar es parte de la Vía Láctea, una galaxia que contiene al menos 100 000 millones de estrellas. Nuestro hogar galáctico es solo una más de las innumerables galaxias del universo. Los telescopios ultrapotentes pueden ver miles de millones de años luz en el espacio exterior y revelar estrellas, nebulosas y galaxias nunca vistas.

La imagen de **CAMPO PROFUNDO DEL TEJW** muestra galaxias antiguas que se formaron entre 500 y 700 millones de años después del Big Bang. Hasta la fecha, es la vista infrarroja más lejana y detallada que poseemos del universo.

Universo lejano

A ESTA IMAGEN DEL UNIVERSO PRIMITIVO SE LA CONOCE COMO CAMPO PROFUNDO. La tomó el telescopio espacial James Webb (TEJW) en 2022. Al centrarse en una zona del espacio no más grande para nuestros ojos que la cabeza de un alfiler, el telescopio proporcionó la panorámica infrarroja más lejana y pormenorizada del universo hasta la fecha. En el centro de esta impresionante imagen está el cúmulo de galaxias SMACS 0723, visto tal y como era hace 4600 millones de años.

Algunas de las galaxias de esta imagen del **CAMPO PROFUNDO** aparecen tal como eran hace 13 000 millones de años, poco después del Big Bang.

Cerca del 95 % del **UNIVERSO** es invisible; se compone de **MATERIA OSCURA** y de **ENERGÍA OSCURA.**

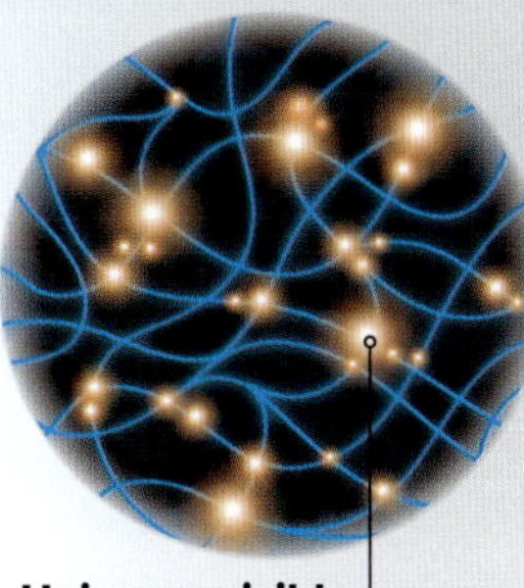

BIG BANG

Hace unos 138 000 millones de años, el universo se expandió de repente desde un punto concreto. A este inicio se le llamó Big Bang. Aún hoy en día el universo se sigue expandiendo.

UBICACIÓN

El cúmulo de galaxias SMACS 0723 se halla en la constelación del hemisferio sur Volans (el Pez Volador). Aunque podemos verlo tal y como era hace 46 00 millones de años, el cumulo en sí es mucho más antiguo.

TIEMPO CÓSMICO

Cuando miras a las estrellas en el cielo nocturno, miras atrás en el tiempo. Eso es porque la luz de estas estrellas ha tardado años en llegar hasta la Tierra.

LUPA

Los cúmulos de galaxias como SNACS 0723 tienen tanta masa y gravedad que dan un salto espaciotemporal. Eso hace que la luz de una galaxia que hay tras un cúmulo se curve a su alrededor, tenga un efecto lupa sobre la imagen y permita que el TEJW vea incluso más atrás en el tiempo.

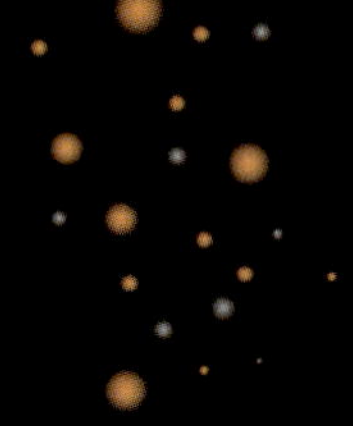

GALAXIAS ANTIGUAS

Las galaxias antiguas parecen más bien grumos, y no las galaxias espirales y elípticas bien definidas que vemos hoy.

INSTANTÁNEA

El TEJW fotografió el universo primitivo, con algunas galaxias tal y como eran hace 13 000 millones de años, en 12 horas y media. Es una fracción de tiempo pequeña comparada con los 10 días que tardó el telescopio espacial Hubble en tomar la primera imagen del campo profundo en 1995.

Enana marrón

El telescopio espacial James Webb (TEJW) es capaz de observar objetos en infrarrojo, y eso ha llevado a descubrir nuevas enanas marrones. Son objetos que emiten la mayor parte de su radiación en infrarrojos y son demasiado grandes para ser planetas, pero no lo suficiente como para ser estrellas. Esta representación artística de una enana marrón con una aurora está basada en una enana marrón divisada por el TEJW.

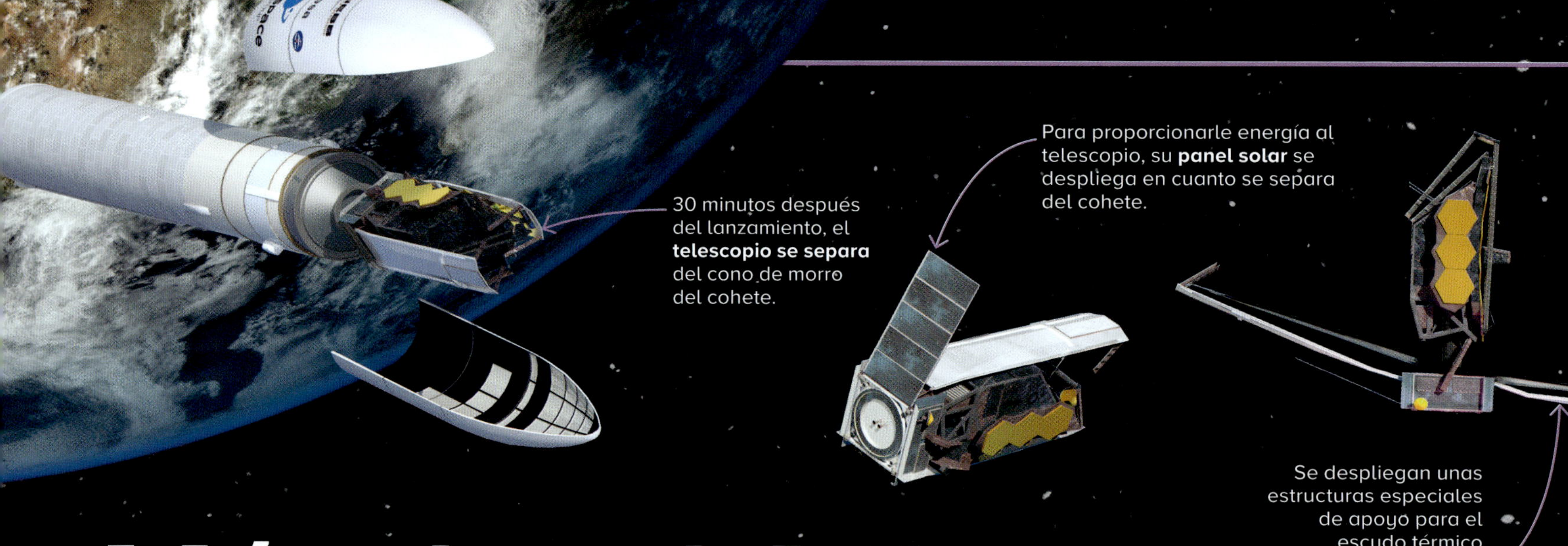

Máquina del tiempo

EL TELESCOPIO ESPACIAL JAMES WEBB (TEJW) ES UNA PIEZA DE INGENIERÍA INCREÍBLE. Con la altura de un edificio de tres plantas y el ancho de una pista de tenis, tenía que encajar dentro de su cohete lanzadera, el Ariane 5, que solo mide 5,4 m (17,7 ft) de diámetro. Para conseguirlo, fue diseñado para plegarse en doce segmentos y desplegarse en el espacio. Ahora, el telescopio espacial más potente del mundo se está asomando al espacio y proporcionando a los científicos unas panorámicas del universo lejano nunca vistas.

EL TELESCOPIO ESPACIAL JAMES WEBB tardó 13 días en desplegarse en el espacio, como se ve en estas ilustraciones artísticas. La NASA había identificado 344 posibles puntos de fallo, pero todo el proceso funcionó a la perfección.

El inmenso **espejo** del telescopio de 6,5 m (21 ft) le proporciona seis veces más poder captador de luz que el telescopio espacial Hubble.

Cada uno de los 18 **hexágonos de berilio** recubiertos de oro del espejo primario se puede desplazar menos de lo que mide el ancho de un cabello humano.

Si un bicho aterrizara en la Luna, el **TELESCOPIO** detectaría el **CALOR** emitido por su cuerpo.

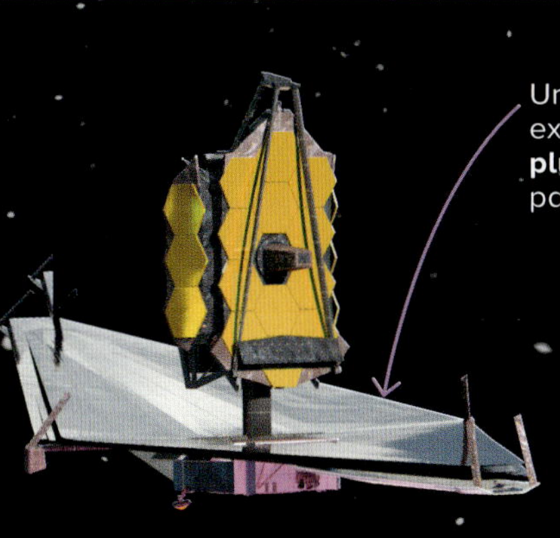

Un juego de brazos extensibles llamados **plumas** extienden el parasol de cinco capas.

FECHA DE LANZAMIENTO

25 de diciembre de 2021

DURACIÓN DE LA MISIÓN

hasta **20 años**

UBICACIÓN

EL TEJW orbita alrededor del Sol en una ubicación conocida como el segundo punto de Lagrange (L2), a 1,5 millones de km (930 000 millas) de la Tierra. El parasol del telescopio lo protege del calor del Sol.

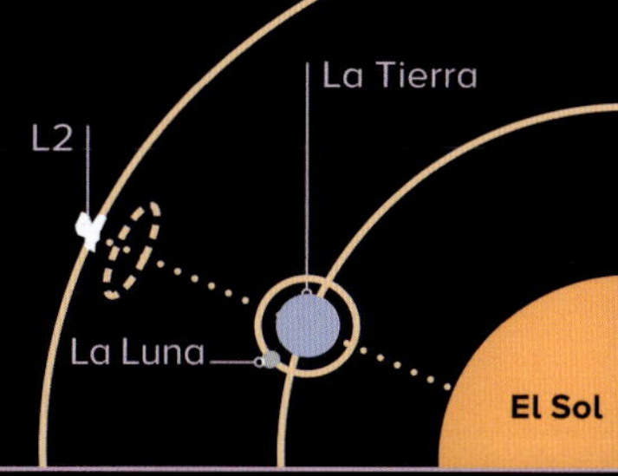

Unos **microobturadores** permiten al telescopio observar 100 **objetos distintos** a la vez en el espacio.

Tres brazos dispuestos en forma de trípode se despliegan hacia abajo para aguantar un **espejo secundario** más pequeño.

Las dos alas laterales del **espejo primario** se despliegan para completar el telescopio.

GALAXIA PRIMITIVA

El telescopio ha captado la galaxia más lejana conocida —llamada JADES-GS-z14-0— tal y como era hace 290 millones de años tras el Big Bang.

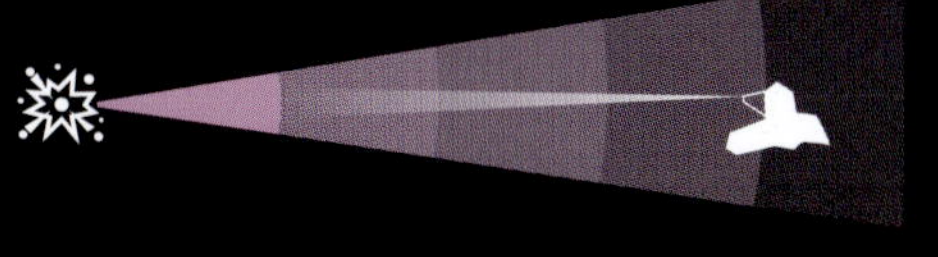

PROTECTOR SOLAR

El parasol de cinco capas del TEJW es como un protector solar con una protección factor 1 millón. El escudo térmico evita que el instrumental del telescopio se sobrecaliente.

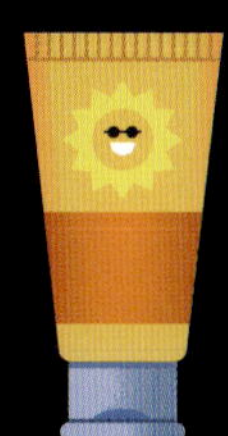

CÓMO FUNCIONA

El TEJW busca luz infrarroja; luz que se ha ensanchado desde antiguas estrellas lejanas. La luz infrarroja puede atravesar el gas y el polvo en la inmensidad del espacio y nos permite ver objetos que de otro modo serían invisibles.

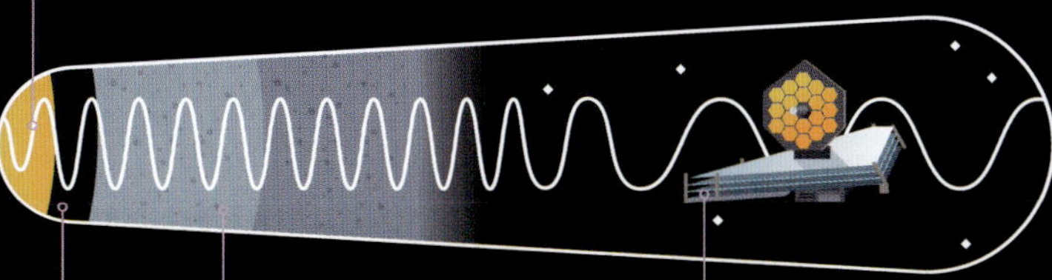

ESPEJO DORADO

Los descomunales espejos del TEJW están recubiertos por una fina capa dorada que se utiliza para reflejar la luz. Si le rasparas todo el oro, este pesaría lo mismo que una pelota de golf.

Origami espacial

El **telescopio espacial James Webb**, incluido su **enorme espejo primario**, fue sometido a pruebas exhaustivas antes de su lanzamiento. Las secciones hexagonales tenían que alinearse a la perfección. Además, debían doblarse cual figura de origami para poder caber dentro del cohete y luego desdoblarse correctamente una vez que el telescopio espacial llegara a su destino.

TARÁNTULA

En el interior de la nebulosa de la Tarántula, el TEJW captó no solo las brillantes estrellas azules del centro, sino las decenas de miles de estrellas rojizas, aún rodeadas por el polvo del que se están formando.

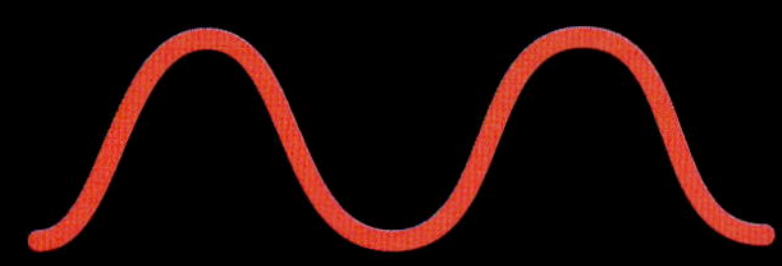

La longitud de onda de la **LUZ INFRARROJA** le permite atravesar las nubes de polvo que tapan la luz visible.

GALAXIA DEL CARRO

La inusual forma de anillo de la galaxia del Carro es resultado de una colisión cómica de alta velocidad entre dos galaxias. Las sensibles cámaras del TEJW han revelado detalles de la formación de las supernovas y de las estrellas que desencadenó el caos.

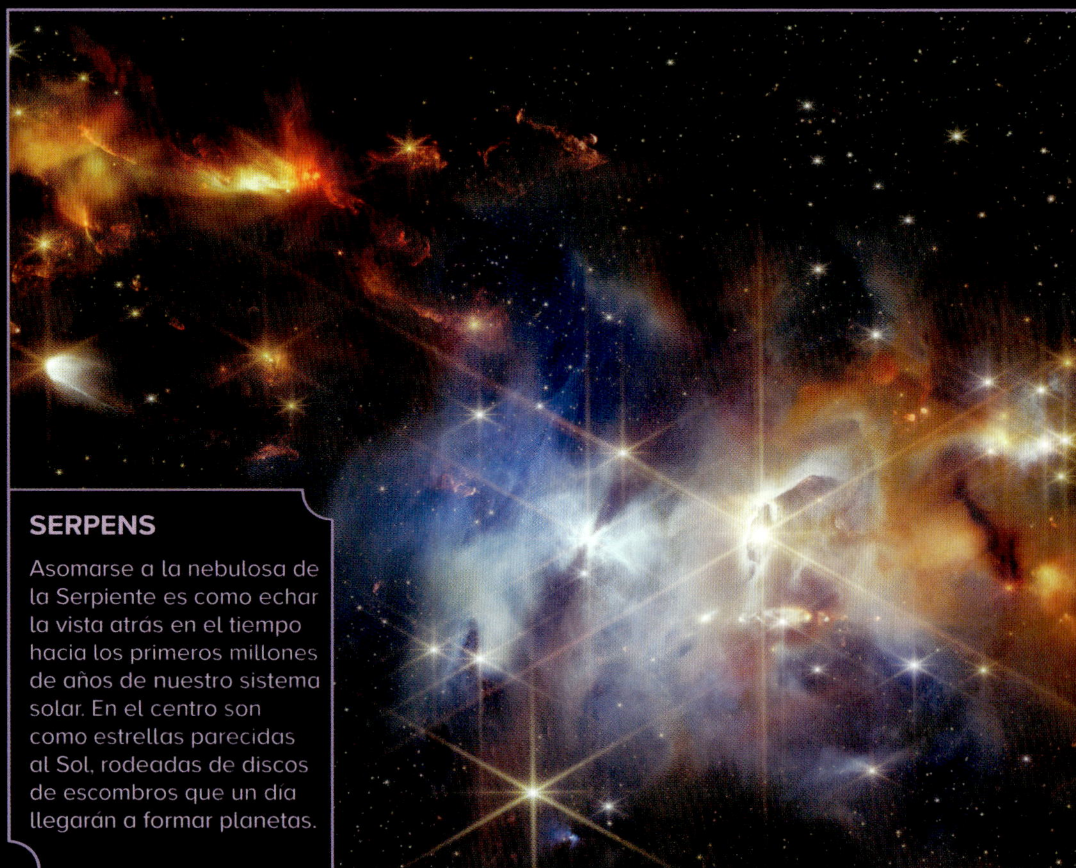

SERPENS

Asomarse a la nebulosa de la Serpiente es como echar la vista atrás en el tiempo hacia los primeros millones de años de nuestro sistema solar. En el centro son como estrellas parecidas al Sol, rodeadas de discos de escombros que un dia llegarán a formar planetas.

NGC 604

Ubicada en la galaxia del Triángulo, la nebulosa NGC 604 se encuentra a 2,73 millones de años luz de la Tierra. EL TEJW halló un inusual grupo de estrellas extremadamente calientes —todas ellas hasta 100 veces más masivas que nuestro Sol— en el interior de la nebulosa.

PROTOESTRELLA L1527

En el interior de la oscura nube de polvo L1527, el TEJW detectó una protoestrella (estrella recién formada). La joven estrella se alimenta de polvo y escupe chorros de gas que se iluminan a medida que chocan con el polvo de estrellas circundante.

CÚMULO DE ESTRELLAS IC 348

Esta imagen del TEJW muestra el cúmulo de estrellas IC 348. Aunque las enanas marrones son mucho más grandes que los planetas, estas estrellas no reunían masa suficiente como para entrar en ignición. Eso dificulta mucho su localización. Sin embargo, el TEJW divisó tres enanas marrones dentro de este cúmulo de estrellas.

Espacio asombroso

LOS PRIMEROS OBJETIVOS DEL TELESCOPIO ESPACIAL JAMES WEBB (TEJW) FUERON ÁREAS POLVORIENTAS DEL ESPACIO. Estos viveros de estrellas, galaxias y nubes producto de explosiones de supernovas ya han sido fotografiados por telescopios como el Hubble, pero el TEJW ofrece la posibilidad de curiosear a través del polvo que tapa la luz visible y dejar al descubierto detalles anteriormente ocultos.

CASIOPEA A

Las supernovas son fugazmente los objetos más brillantes del cielo nocturno. Para los sensores del TEJW sus nubes explosivas son igual de espectaculares. El remanente de supernova Casiopea A, a unos 11 000 años luz de la Tierra, revela información sobre el pasado y el futuro de la estrella muerta.

El **TELESCOPIO ESPACIAL JAMES WEBB** puede detectar objetos que brillan **540 000 VECES** menos que los que pueden detectar nuestros ojos.

UBICACIÓN

Eta Carinae se encuentra en la constelación Carina (la Quilla).

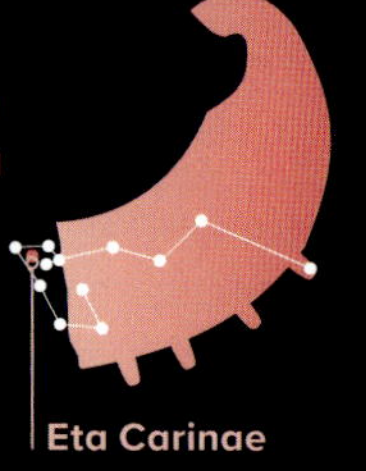

TAMAÑO

Se calcula que la estrella principal es 100 veces mayor que el Sol, mientras que la estrella más pequeña tiene unas 40 veces el tamaño del Sol.

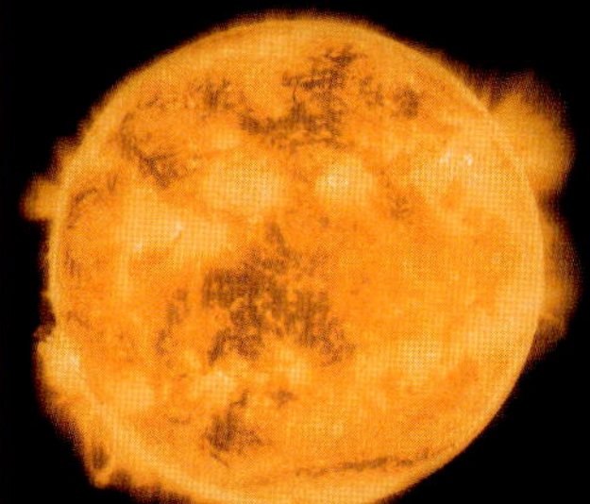

DISTANCIA DESDE LA TIERRA

7500 años luz

ÓRBITA

Las estrellas orbitan una alrededor de la otra, y tardan

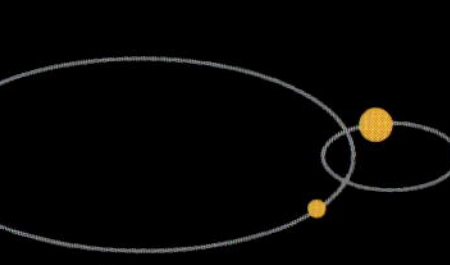

5 años y medio

en completar un circuito.

RAYO LÁSER

El telescopio espacial Hubble detectó un rayo láser ultravioleta procedente de Eta Carinae. Es la única ocasión que se conoce en que una estrella ha generado ese tipo de emisión.

MUERTE ESTELAR

Nadie sabe cuándo explotará Eta Carinae A. Puede incluso que lo haga como hipernova, que es de 10 a 100 veces más explosiva que una supernova. Cuando explote, iluminará los cielos tanto de día como de noche.

Bomba de relojería

ETA CARINAE ES UN SISTEMA DE ESTRELLAS COMPUESTO POR DOS ESTRELLAS MASIVAS. Juntas, están entre las más luminosas de la Vía Láctea. Las rodea una nube ondulada de gas y polvo en forma de mancuerna llamada nebulosa Homúnculo. Se espera que la mayor de las estrellas explote como supernova, uno de los tipos de explosión más grandes del universo. Las turbulentas estrellas lanzan al espacio una cantidad descomunal de gas y polvo, suficiente como para cubrir el sistema solar por completo.

Eta Carinae es unas **5 MILLONES DE VECES** más luminosa que el Sol.

Los lóbulos de gas y polvo que rodean a las estrellas monstruosas se desplazan por el espacio a más de **2 MILLONES DE KM/H** (1,2 millones de mph).

NEBULOSA CARINA

La nebulosa Homúnculo se halla en el interior de la nebulosa Carina, una de las regiones más activas de nacimiento y muerte de estrellas. La nebulosa Carina alberga muchas estrellas jóvenes que son mucho mayores que nuestro Sol. Los intensos vientos solares y la radiación esculpen el aspecto de la nebulosa, mientras que la energía de las estrellas recién nacidas ilumina las nubes de gas.

ETA CARINAE sufrió una explosión cataclísmica, que fue avistada en 1837, en la que expulsó material que creó los lóbulos de gas y polvo que vemos en esta imagen tomada por el telescopio espacial Hubble.

UBICACIÓN

V838 Monocerotis está en la constelación Monoceros (el Unicornio).

V838 Monocerotis

DISTANCIA DESDE LA TIERRA

A 20 000 años luz de la Tierra, en el borde exterior de la Vía Láctea.

TAMAÑO

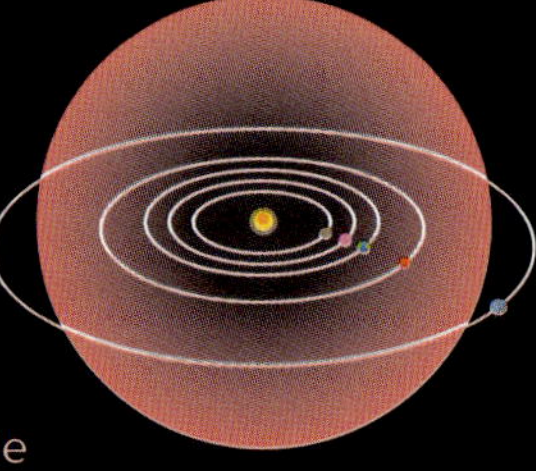

El supergigante rojo es casi 500 veces más ancho que nuestro Sol. La nebulosa que lo rodea tiene más de **7 años luz** de diámetro.

LUMINOSIDAD

Unas **23 000 veces** más brillante que nuestro Sol

DESCUBRIMIENTO

Un aficionado a observar las estrellas alertó a los astrónomos del brillo inicial en 2002. Apuntaron el telescopio espacial Hubble hacia V383 Monocerotis con resultados espectaculares.

Eco luminoso

UN ESTALLIDO DE LUZ REVELÓ LA ESPECTACULAR NEBULOSA QUE RODEABA A UNA ESTRELLA INSÓLITA. V838 Monocerotis captó la atención mundial en 2002 cuando de repente se volvió increíblemente brillante. La explosión inicial de luz duró tres meses. Sin embargo, durante varios años después la luz dispersada por el estallido iluminó enormes nubes de polvo alrededor de la estrella, lo que nos ofreció la oportunidad de ver una característica del espacio que normalmente está oculta.

Durante la explosión inicial de luz, **V838 MONOCEROTIS** se volvió 600 000 veces más brillante que **EL SOL.**

El **«ECO»** de la luz dispersada por el estallido duró más de dos años.

ETAPAS DEL ESTALLIDO DE UNA ESTRELLA

El telescopio espacial Hubble rastreó durante muchos meses el eco luminoso de V838 Monocerotis. Al dispersarse, el eco reveló distintas partes de la capa de polvo. Parecía que el polvo también cambiaba de color, así como lo hacían la temperatura, el brillo y el color de V838 Monocerotis.

Mayo de 2002

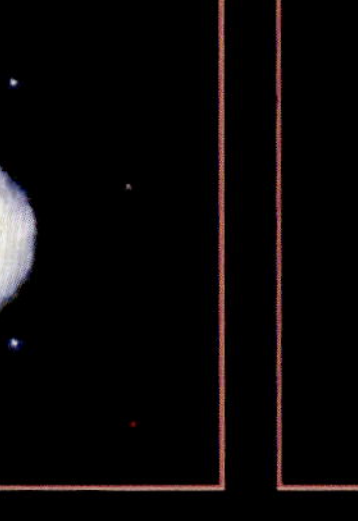

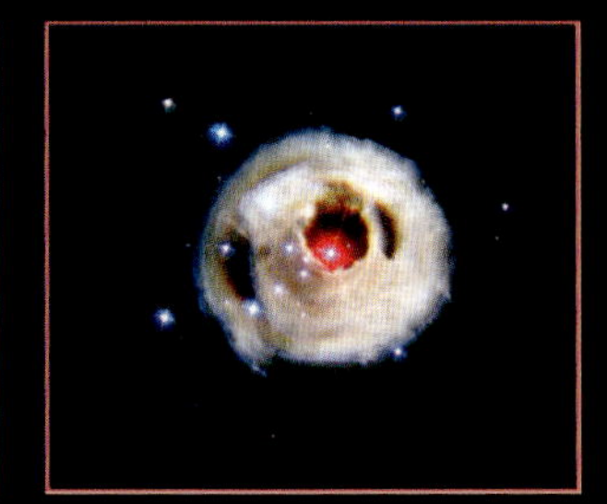

Septiembre de 2002

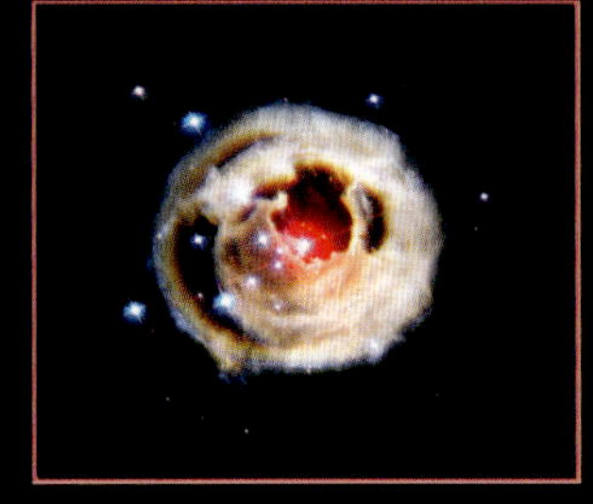

Octubre de 2002

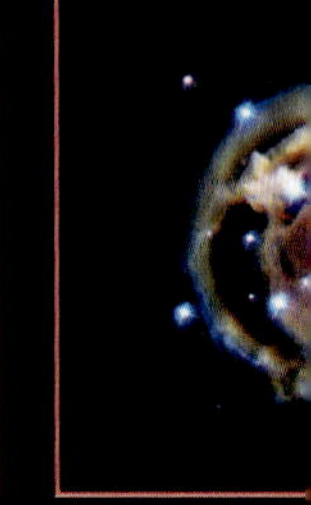

Diciembre de

V838 Monocerotis ya estaba rodeaba de **una cubierta de polvo**, que la luz dispersada fue poco a poco descubriendo.

Al tipo de estallido de luz que sufrió V838 Monocerotis se le llama **nova roja**, causado posiblemente por el choque contra otra estrella

Como tiene regiones de espacio más lejanas visibles a través de los agujeros en la capa de polvo, se la clasifica como nebulosa **«de queso suizo».**

Febrero de 2004

EL TELESCOPIO ESPACIAL HUBBLE tomó esta imagen del eco luminoso en octubre de 2004, casi tres años después de que la estrella que había en su centro, V838 Monocerotis, brillara repentinamente.

La **zona más densa de gas y polvo** forma una sombra oscura en la imagen, y oculta la estrella o estrellas recién formadas de su interior.

Las estrellas recién formadas expulsan **chorros de hidrógeno** al exterior en direcciones opuestas.

La estrella brillante S1 desprende **vientos estelares que alejan** el gas y el polvo circundantes.

ESTA IMAGEN DE RHO OPHIUCHI se creó utilizando varias fotografías distintas tomadas por el telescopio espacial James Webb (TEJW) para celebrar el primer cumpleaños del telescopio.

Nubes multicolor

ESTA MINÚSCULA ÁREA DE LA VÍA LÁCTEA, RHO OPHIUCHI, REVELA UNA ESCENA ESPECTACULAR ALREDEDOR DE LAS ESTRELLAS RECIÉN FORMADAS. La mayoria de las estrellas de esta imagen tienen el mismo tamano —o son mas pequenas— que el Sol. Engullen el gas y el polvo que las rodean al tiempo que escupen chorros de hidrogeno que alteran la zona circundante. Solo cuando la estrella ha encontrado el equilibrio perfecto, se estabiliza y empieza a despejar el espacio que la rodea con un viento estelar constante.

En la **ZONA DEL ESPACIO** captada por esta imagen hay unas 50 estrellas.

El complejo de nubes circundante **RHO OPHIUCHI** contiene **GAS** y **POLVO** suficiente para formar 3000 soles.

Estrellas en formación similares al Sol

NUBES COLORIDAS

Esta pequeña área oscura del espacio que aparece en la imagen del TEJW está rodeada de otra zona mucho mayor de nubes de colores de algodón de azúcar, conocida como el complejo de nubes Rho Ophiuchi. Como esta zona está muy cercana a la Tierra, en el cielo nocturno parece gigantesca.

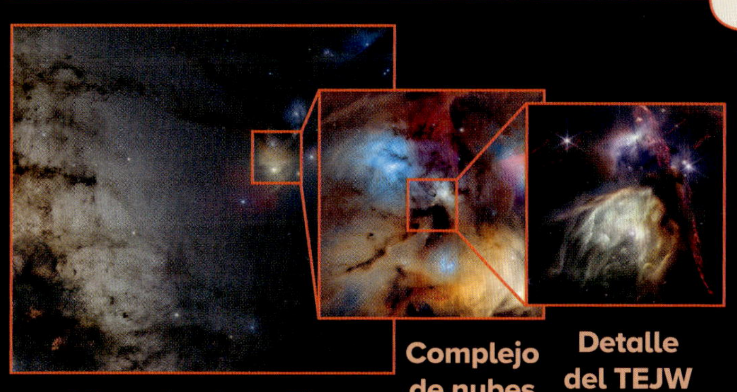

Visto desde la Tierra

Complejo de nubes

Detalle del TEJW

UBICACIÓN

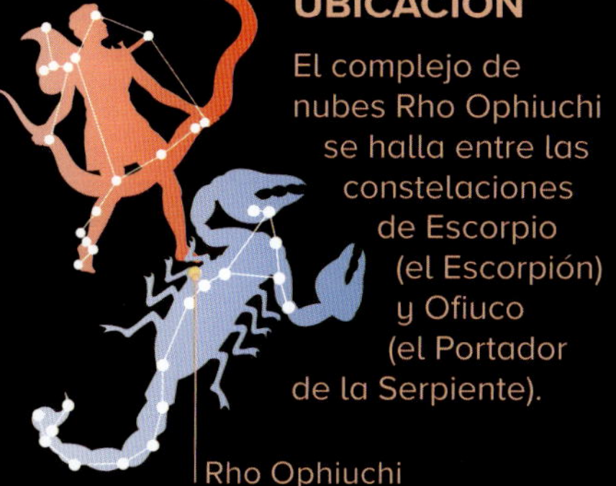

El complejo de nubes Rho Ophiuchi se halla entre las constelaciones de Escorpio (el Escorpión) y Ofiuco (el Portador de la Serpiente).

DISTANCIA DESDE LA TIERRA

El complejo de nubes Rho Ophiuchi se halla a

390 años luz

de la Tierra en la Vía Láctea. Eso la convierte en nuestra región de formación estelar más cercana.

NUBES SUPERFRÍAS

Pese a estar iluminadas por las estrellas circundantes, las propias nubes están muy frías.

CAMBIOS DE COLOR

Las zonas azules del complejo de nubes Rho Ophiuchi las crea la luz estelar al rebotar en las partículas de polvo. Las zonas rojas las causa el gas hidrógeno que brilla cuando es activado por la luz ultravioleta de las estrellas jóvenes calientes.

ESTRELLAS COMO EL SOL

Como esta región contiene tantas estrellas del tamaño del sol, nos deja entrever qué aspecto podía tener nuestro vecindario cósmico hace

casi 5000 millones de años.

PLATILLO VOLANTE

En 2001, se descubrió una joven estrella rodeada por un disco de gas y polvo con forma de anillo en la región de formación estelar Rho Ophiuchi. Apodada «el platillo volante», proporciona a los científicos información importante de cómo se forman las estrellas y los planetas.

Vivero de estrellas

LOS MAGNÍFICOS PILARES DE LA CREACIÓN DE LA NEBULOSA DEL ÁGUILA ESTÁN REPLETOS DE ESTRELLAS RECIÉN NACIDAS. Sobresaliendo del espacio como dedos fantasmales, estas enormes columnas de gas y polvo asombraron al mundo cuando fueron fotografiadas por primera vez por el telescopio espacial Hubble en 1995. Aunque son lugares de formación de estrellas, las mismas estrellas que ayudaron a crearlos las están destruyendo poco a poco... no sin que antes las cámaras infrarrojas del telescopio espacial James Webb revelaran una gran cantidad de datos nuevos.

UBICACIÓN

Los Pilares de la Creación son una pequeña parte de la enorme nebulosa del Águila (M16) ubicada en la constelación de Serpens del hemisferio norte, que representa a una serpiente.

TAMAÑO

Todo nuestro sistema solar cabría en la **«punta del dedo»** de uno de los pilares.

DISTANCIA DESDE LA TIERRA.

La nebulosa del Águila se halla en la galaxia Vía Láctea y está a **6500 años luz** de la Tierra.

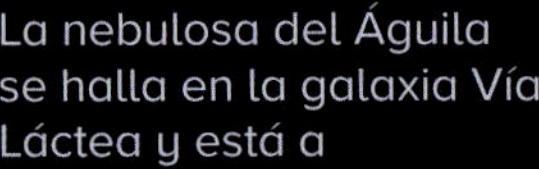

EDAD

Con **5 millones y medio de años**, la nebulosa es relativamente joven comparada con otros cuerpos celestes. Por ejemplo, nuestro Sol tiene 4600 millones de años.

DETALLES INVISIBLES

Nuestros ojos no pueden ver los rayos infrarrojos, por eso se utiliza un *software* para traducir los datos recopilados por la cámara de infrarrojo cercano del TEJW en imágenes de luz visible.

VIDA ESTELAR

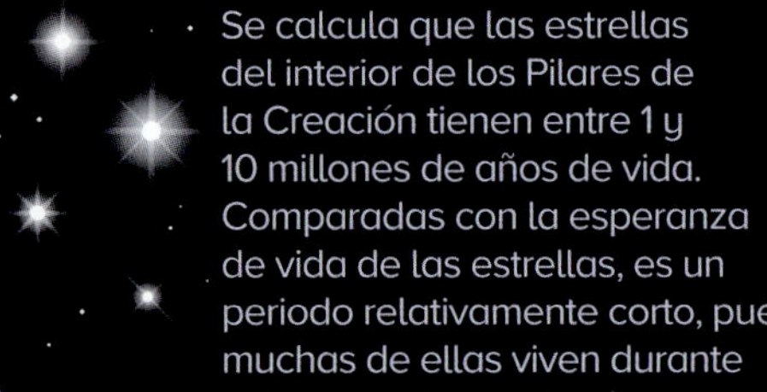

Se calcula que las estrellas del interior de los Pilares de la Creación tienen entre 1 y 10 millones de años de vida. Comparadas con la esperanza de vida de las estrellas, es un periodo relativamente corto, pues muchas de ellas viven durante miles de millones de años.

Aunque parecen casi **SÓLIDOS**, el gas y el polvo que conforman los pilares son 10 000 billones de veces **MENOS DENSOS** que el aire de la Tierra.

Gas y polvo en los Pilares de la Creación

Aire en la Tierra

CAMPO MAGNÉTICO

Los Pilares de la Creación pueden conservar su forma gracias a su insólito campo magnético. Cada partícula de gas y de polvo actúa como una pequeña brújula, que se alinea con el campo magnético local. Los científicos han descubierto que el campo magnético del interior de cada columna está en ángulo recto con su campo exterior. Esto puede evitar que el plasma caliente y cargado que hay alrededor presione hacia dentro y rompa las nubes en forma de columnas.

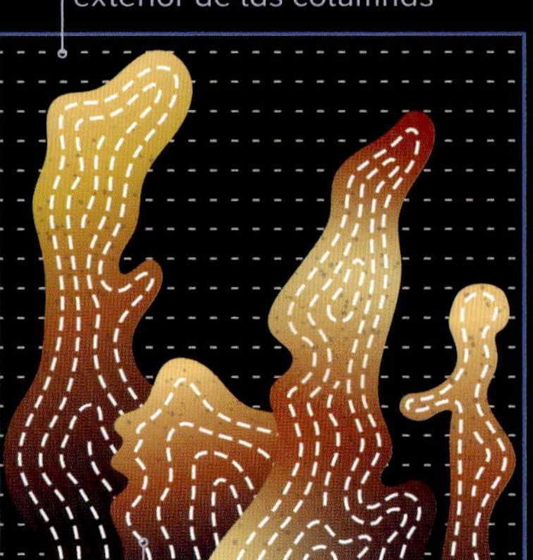

EL TELESCOPIO ESPACIAL JAMES WEBB (TEJW) utiliza una cámara que, en vez de la luz visible, detecta la energía infrarroja. Esto permite al TEJW vislumbrar a través de las nubes de polvo y gas, y revelar miles de nuevas estrellas en formación.

Huida estelar
La impresionante imagen de la **nebulosa del Águila** fue tomada en el Observatorio de La Silla en Chile. Se pueden ver los **Pilares de la Creación** en el centro, iluminados por miles de estrellas jóvenes masivas. Estas estrellas liberan una potente luz ultravioleta que hace que el gas circundante brille. Pero la radiación de las estrellas también erosiona las columnas, dispersa el gas y el polvo, y desencadena la formación de más estrellas.

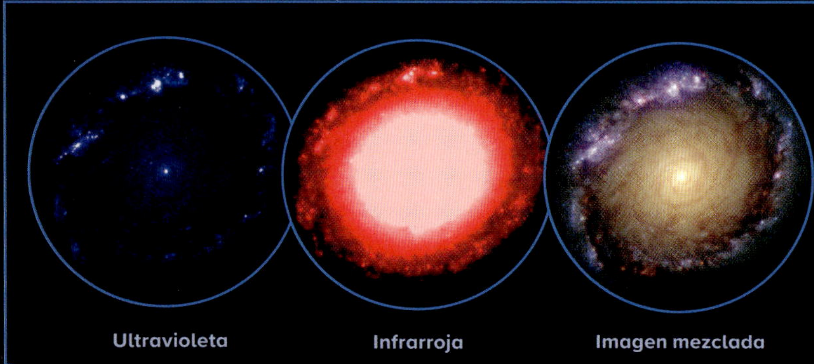

Ultravioleta | Infrarroja | Imagen mezclada

IMÁGENES DEL HUBBLE

Al igual que la visible, el Hubble detecta la luz ultravioleta y pequeñas cantidades de luz infrarroja, que revela objetos cuya luz visible oculta el polvo. Luego esta información se mezcla para generar la imagen final. Lo que vemos aquí es la perspectiva del Hubble de NGC 1512, una galaxia en espiral que está a unos 30 millones de años luz de la Tierra.

El Hubble en el espacio

EL TELESCOPIO ESPACIAL HUBBLE HA REESCRITO NUESTRO ENTENDIMIENTO DEL COSMOS. El telescopio espacial más grande del mundo ha ayudado a calcular la edad del universo y a confirmar la teoría de que el universo se expande. El Hubble también ha corroborado la existencia de agujeros negros supermasivos en el corazón de las galaxias y ha descubierto los exoplanetas más pequeños que tienen agua en su atmósfera.

El espejo primario del interior del telescopio capta unas **40 000** veces más luz que el ojo humano.

LOS ASTRONAUTAS A BORDO DEL TRANSBORDADOR ESPACIAL han reparado el telescopio espacial Hubble en cinco misiones distintas, la última de ellas en 2009, antes de que el trasbordador espacial fuera retirado. Estas reparaciones han permitido que el telescopio opere más allá de su vida útil prevista de 15 años.

Cada semana, el **HUBBLE** envía a la Tierra 15 gigabytes de información; el equivalente a ver **45 PELÍCULAS DE DOS HORAS.**

Desde su lanzamiento, el Hubble ha hecho más de **1,6 MILLONES** de observaciones.

Estos **paneles solares** generan electricidad, que luego se almacena en baterías dentro del telescopio.

Esta **antena** transmite información a la Tierra.

FECHA DE LANZAMIENTO

24 de abril de 1990

UBICACIÓN

El Hubble orbita a 547 km (340 millas) por encima de la superficie de la Tierra y tarda 95 minutos en completar una órbita al planeta.

DISTANCIA RECORRIDA

8000 millones de km

(5000 millones de millas) alrededor de la Tierra desde 1990

INICIO BORROSO

Las primeras imágenes del Hubble eran borrosas; el espejo primario tenía un defecto minúsculo. Esto lo corrigieron unos astronautas durante un paseo espacial de 7 horas en el que instalaron un dispositivo óptico que funcionaba como una lente de contacto.

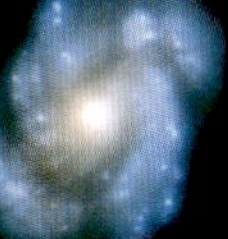

Antes

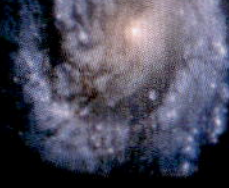

Después

VOLVER LA VISTA ATRÁS

En 1995, el Hubble observó una diminuta mancha en el cielo, que mostraba más de 10 000 galaxias. Conocido como el campo profundo del Hubble, fue la primera visión que hubo del universo primitivo.

EL NOMBRE DEL HUBBLE

El telescopio Hubble recibe su nombre en honor al astrónomo estadounidense Edwin Hubble. Hizo importantes descubrimientos, como probar la existencia de otras galaxias más allá de la Vía Láctea cuando observó la galaxia de Andrómeda.

Andrómeda

Reparaciones espaciales

Las misiones de servicio en el espacio han permitido al telescopio espacial Hubble hacer **descubrimientos revolucionarios** durante más tiempo que el planificado. Los astronautas Story Musgrave y Jeffrey Hoffman aparecen aquí de pie en el borde del brazo robótico del transbordador espacial Endeavour, estaban reparando el telescopio. Pero, como ya no hay más misiones de servicio, los ingenieros de la NASA ahora solo pueden repararlo de manera remota.

UBICACIÓN

La nebulosa del Cangrejo puede verse a través de un telescopio en la constelación de Tauro (el Toro).

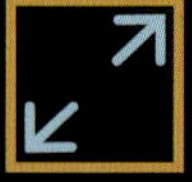

TAMAÑO

La nebulosa tiene unos 11 años luz de diámetro, pero se sigue expandiendo con rapidez.

DISTANCIA DESDE LA TIERRA

El púlsar del centro de la nebulosa del Cangrejo está a

6500 años luz

de la Tierra.

EDAD

La nebulosa del Cangrejo tiene unos

7500 años de antigüedad.

Vemos la nebulosa tal y como era hace unos 1000 años, porque su luz tarda 6500 años en llegar a la Tierra.

NOMBRE

En 1944, el astrónomo irlandés William Parsons observó la nebulosa e hizo un dibujo de ella. Sus filamentos ralos se asemejaban a las patas de un cangrejo, por eso la nebulosa recibió ese nombre. A la nebulosa del Cangrejo también se la conoce como M1, NGC 1952 y Tauro A.

EXPANSIÓN

La nebulosa del Cangrejo se expande a casi

1000 km
(620 millas)
por segundo.

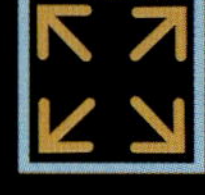

PÚLSAR DEL CANGREJO

En 1968, se descubrió una estrella en el centro de la nebulosa del Cangrejo. Es un tipo de estrella de neutrones llamada púlsar que se formó durante la supernova. Es muy pequeña, de tan solo 20 km (12 millas) de diámetro, pero increíblemente densa, pues contiene más materia que nuestro Sol. A medida que rota, el púlsar envía un haz de radiación electromagnética desde cada polo. En esta imagen, el púlsar es el punto de luz blanca brillante en el centro.

Escombros cósmicos

LA HISTORIA DE ESTA ESPECTACULAR NEBULOSA COMIENZA HACE CASI 1000 AÑOS. En 1054, los astrónomos chinos y japoneses divisaron una estrella tan brillante que podía verse incluso durante el día. Estaban siendo testigos de una supernova: la dramática muerte de una estrella masiva. La explosión creó una enorme nube brillante de gas y polvo, ahora conocida como la nebulosa del Cangrejo.

El **PÚLSAR** del centro de la nebulosa del Cangrejo gira unas **30 VECES POR SEGUNDO**.

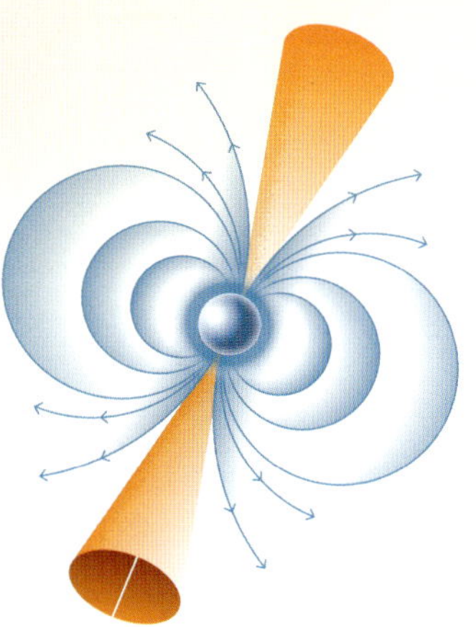

Los púlsares envían potentes **HACES DE RADIACIÓN** que recorren todo el espacio; desde la Tierra parece que brillan como faros cósmicos.

EN 2023 EL TELESCOPIO JAMES WEBB DE LA NASA captó nuevos detalles de la nebulosa del Cangrejo con su potente instrumental infrarrojo. Se pueden apreciar por primera vez los distintos componentes de la nebulosa.

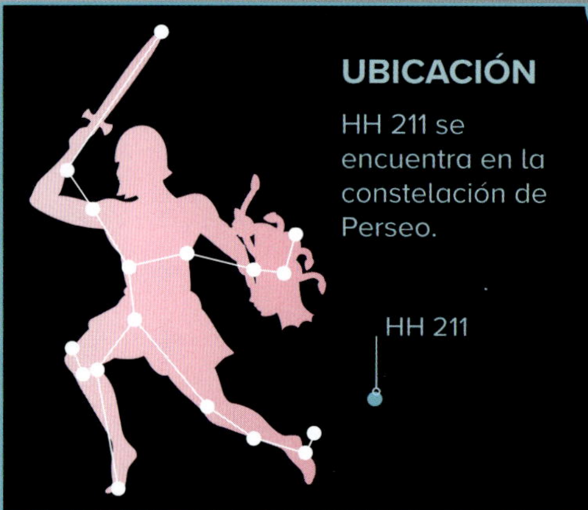

UBICACIÓN

HH 211 se encuentra en la constelación de Perseo.

DISTANCIA DESDE LA TIERRA

HH 211 está a unos

1000 años luz

de la Tierra. Eso la convierte en una de las salidas más cercanas de protoestrellas jóvenes.

EDAD

A la protoestrella que se forma en el centro se la conoce como HH 211-mm. Se cree que debe de tener solo unas

decenas de miles

de años.

MASA

Hasta ahora, la protoestrella ha reunido solo un 8 % de la masa de nuestro Sol. La fusión nuclear aún no ha comenzado, por lo que la estrella todavía no brilla.

DISTINTAS LONGITUDES DE ONDA

HH 211 ha sido estudiada en distintas longitudes de onda, como la ultravioleta y la infrarroja. Cada rango de longitud de onda muestra diferentes detalles del objeto.

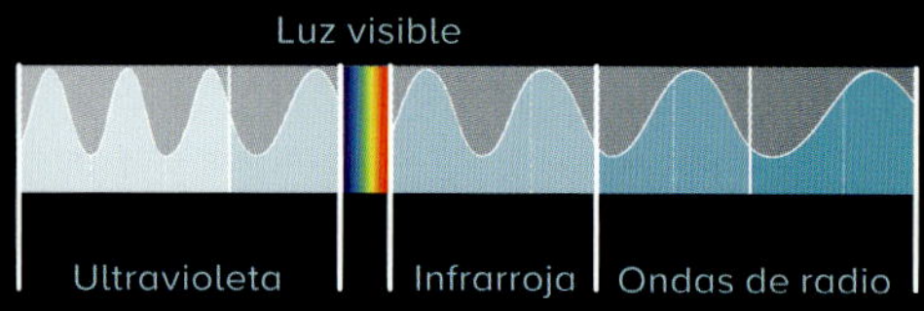

ONDAS EXPANSIVAS

El patrón de ondas expansivas creado por los chorros de gas que expulsa la protoestrella sugiere que la nueva estrella libera gas a ráfagas, mientras engulle materia de la nebulosa que la rodea.

Estrellas en ciernes

DE NUBES FRÍAS DE GAS Y POLVO SURGEN NUEVOS SOLES ABRASADORES. Durante los primeros milenios, sin embargo, estas densas nubes ocultan a las estrellas recién formadas, conocidas como protoestrellas. Pero se han hecho famosas por los potentes chorros de gas que escupen sus polos cuando empiezan a encenderse. Cuando los chorros chocan con el gas y el polvo del espacio, se forman «sables de luz» brillantes conocidos como objetos Herbig-Haro (HH), como por ejemplo el HH 211 que vemos aquí.

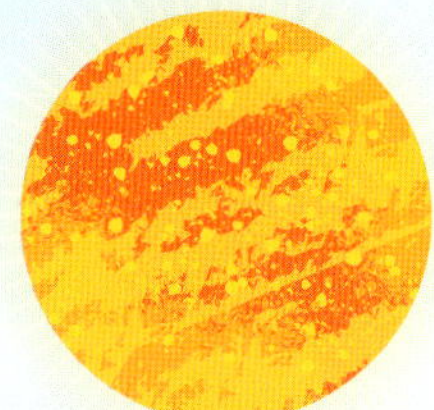

La protoestrella en el centro de HH 211 es como **NUESTRO SOL** cuando era joven.

ESTA IMAGEN INFRARROJA DE HH 211 la captó el telescopio espacial James Webb (TEJW). A medida que los polos de una joven estrella los arroja, los gases supercalientes envían ondas expansivas que se propagan por la nebulosa circundante.

Los chorros de gas que expulsa la **PROTOESTRELLA** pueden desplazarse a más de 100 km (60 millas) por segundo.

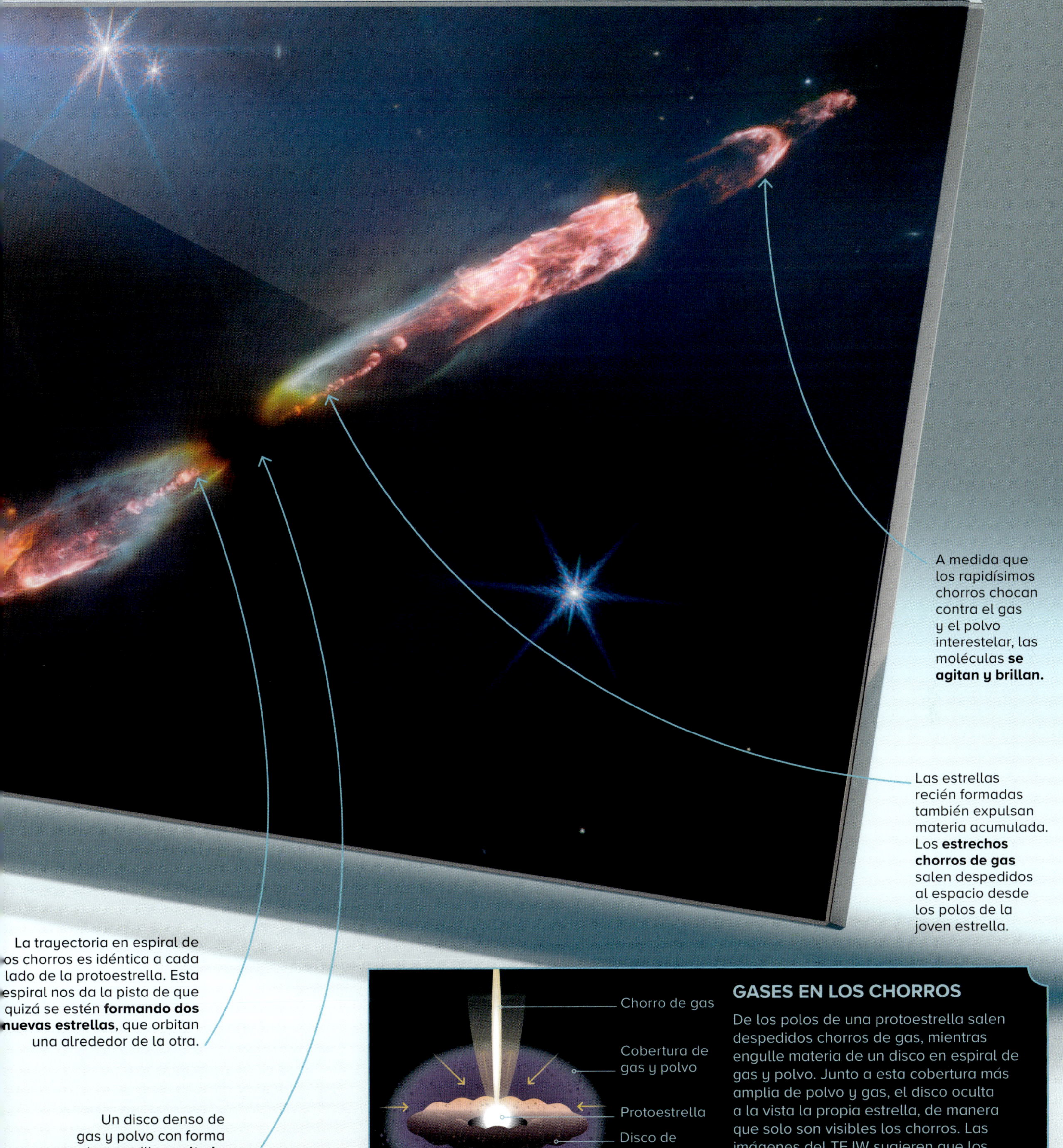

A medida que los rapidísimos chorros chocan contra el gas y el polvo interestelar, las moléculas **se agitan y brillan.**

Las estrellas recién formadas también expulsan materia acumulada. Los **estrechos chorros de gas** salen despedidos al espacio desde los polos de la joven estrella.

La trayectoria en espiral de os chorros es idéntica a cada lado de la protoestrella. Esta espiral nos da la pista de que quizá se estén **formando dos nuevas estrellas**, que orbitan una alrededor de la otra.

Un disco denso de gas y polvo con forma de rosquilla **oculta la estrella** (o las estrellas) **recién formada**.

GASES EN LOS CHORROS

De los polos de una protoestrella salen despedidos chorros de gas, mientras engulle materia de un disco en espiral de gas y polvo. Junto a esta cobertura más amplia de polvo y gas, el disco oculta a la vista la propia estrella, de manera que solo son visibles los chorros. Las imágenes del TEJW sugieren que los chorros se componen en su mayor parte de monóxido de carbono y monóxido de silicio, así como de hidrógeno.

A este lado, el viento estelar se desplaza atravesando un gas más frío y más denso, por lo que **la burbuja no se ha expandido tanto.**

El punto brillante revela la **posición de la estrella gigante**, cuyos potentes vientos solares y radiación han dado forma a esta insólita nebulosa.

Esta cresta de gas denso se sitúa en el exterior de la burbuja. Brilla porque **ha recibido energía de la intensa luz ultravioleta** de la estrella.

Esta **IMAGEN DE LA NEBULOSA DE LA BURBUJA** se creó en 2016 usando información captada por la Cámara de Campo Ancho 3 del telescopio espacial Hubble para conmemorar el vigesimosexto cumpleaños del telescopio. El oxígeno brillante aparece de color azul, el hidrógeno de verde y el nitrógeno de rojo.

CENTRAL ELÉCTRICA ESTELAR

En esta vista panorámica, puedes ver la gigantesca nube de hidrógeno, nitrógeno y polvo densos y fríos que envuelve a la nebulosa de la Burbuja. Los vientos estelares se abren paso entre la nube y provocan que las zonas más densas brillen con luz propia al ser bañadas por la potente luz ultravioleta de la estrella.

La burbuja del Hubble

LA DELICADA NEBULOSA DE LA BURBUJA ESTÁ DESTINADA A ESTALLAR. En el interior de la cáscara brillante se halla la estrella masiva y enormemente luminosa BD+60°2522. Ha consumido su combustible de hidrógeno y en su lugar ahora está fusionando helio. Soplan vientos estelares feroces desde la superficie de la estrella en todas direcciones y apartan la nube de gas más fría que envuelve a la estrella. Los bordes exteriores de la burbuja revelan dónde se encuentran los vientos estelares con el gas brillante. Estas estrellas tan gigantescas son de vida corta, y BD+60°2522 explotará como supernova dentro de entre 10 y 20 millones de años.

BD+60°2522 arde con una intensidad 500 000 veces mayor que nuestro **SOL**.

El **VIENTO ESTELAR** que genera la estrella viaja a más de 6,4 millones de km/h (4 millones de mph).

UBICACIÓN

La nebulosa de la Burbuja puede verse en el cielo nocturno usando un telescopio apuntado hacia la constelación de Casiopea (la Reina Sentada).

TAMAÑO

La nebulosa mide unos **10 años luz** de diámetro, pero sigue creciendo.

DISTANCIA DESDE LA TIERRA

La nebulosa de la Burbuja se halla aproximadamente a **8000 años luz** de la Tierra, dentro de nuestra galaxia, la Vía Láctea.

EDAD

La estrella cuenta con **4 millones de años de vida**, muy joven si la comparamos con nuestro Sol, que lleva ardiendo más de 4000 millones de años.

BURBUJA EN EXPANSIÓN

La burbuja se está expandiendo a una media de unos 7 km (4 millas) por segundo.

DESCUBRIMIENTO

La nebulosa de la Burbuja la descubrió el astrónomo germano-británico William Herschel en 1787. Su denominación oficial es NGC 7635.

TELESCOPIO DE CONSTRUCCIÓN PROPIA DE HERSCHEL

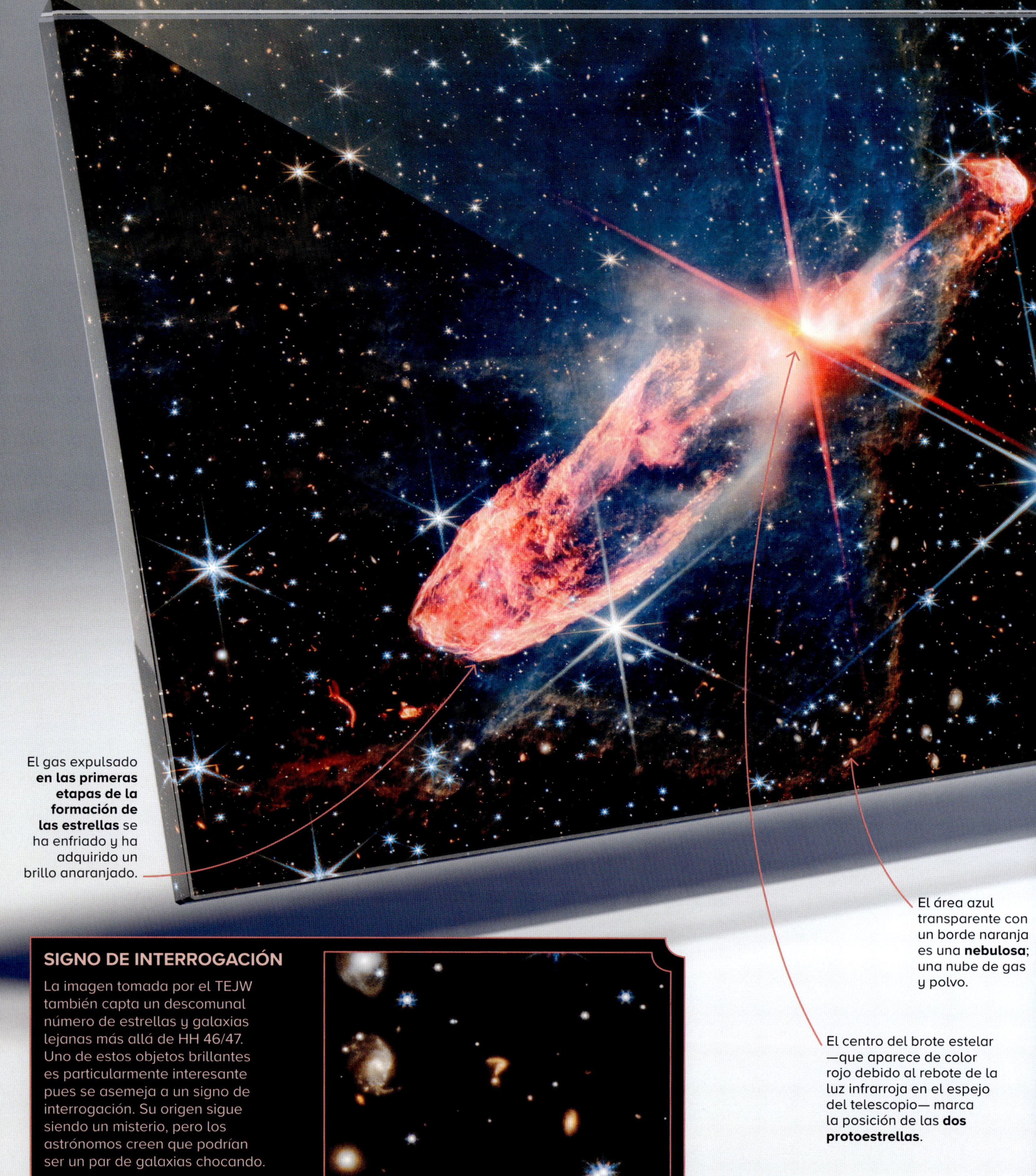

El gas expulsado **en las primeras etapas de la formación de las estrellas** se ha enfriado y ha adquirido un brillo anaranjado.

El área azul transparente con un borde naranja es una **nebulosa**; una nube de gas y polvo.

El centro del brote estelar —que aparece de color rojo debido al rebote de la luz infrarroja en el espejo del telescopio— marca la posición de las **dos protoestrellas**.

SIGNO DE INTERROGACIÓN

La imagen tomada por el TEJW también capta un descomunal número de estrellas y galaxias lejanas más allá de HH 46/47. Uno de estos objetos brillantes es particularmente interesante pues se asemeja a un signo de interrogación. Su origen sigue siendo un misterio, pero los astrónomos creen que podrían ser un par de galaxias chocando.

Aunque **HH 46/47** ahora resplandece, algún día el brillo de las **ESTRELLAS GEMELAS** la eclipsará.

Los **CHORROS DE GAS** que expulsan las estrellas viajan a velocidades superiores a los **300 KM** (185 millas) **POR SEGUNDO**.

HH 46/47 NO TENDRÍA ESTE ASPECTO ante nuestros ojos. El telescopio espacial James Webb creó esta imagen para detectar la luz infrarroja cercana (calor) y traducirla en colores que podamos ver.

Gemelas estelares

A MEDIDA QUE SE DISIPA EL POLVO EN UN SISTEMA ESTELAR DE RECIENTE CREACIÓN LLAMADO HERBIG-HARO 46/47 (HH 46/47), SE DESVELAN UN PAR DE ESTRELLAS RECIÉN NACIDAS ESTRECHAMENTE LIGADAS POR LA GRAVEDAD. Las jóvenes estrellas —conocidas como protoestrellas— han ido engullendo materia de un disco pulverulento que las envuelve. Para mantenerse estables, las estrellas lanzan dos enormes chorros de gas en direcciones opuestas. A medida que los chorros chocan con el polvo y el gas a gran velocidad en el espacio, se forman nubes brillantes conocidas como objetos Herbig-Haro.

UBICACIÓN

HH 46/47 puede verse en la constelación de la Vela.

HH 46/47

DISTANCIA DESDE LA TIERRA

1470 años luz

TAMAÑO

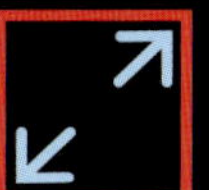

El chorro de doble dirección mide unos **3,1 años luz** de diámetro.

EDAD

Las protoestrellas solo tienen **unos pocos miles de años.**

Tardarán millones de años más en estar completamente formadas.

DESCUBRIMIENTO

El astrónomo estadounidense Richard D. Schwartz descubrió HH 46/47 en 1977, y el astrónomo neerlandés-estadounidense Bart Bok fue el primero en divisar sus chorros brillantes en 1978.

NOMBRE

Los objetos Herbig-Haro reciben su nombre del astrónomo estadounidense George Herbig y del astrónomo mexicano Guillermo Haro, que estudiaron los objetos en los años 40 del siglo pasado.

Exoplanetas

LOS CIENTÍFICOS SOSPECHARON DURANTE MUCHO TIEMPO QUE NUESTRO SOL NO ERA LA ÚNICA ESTRELLA QUE TENÍA PLANETAS. Sin embargo, era difícil localizar estos planetas más allá de nuestro sistema solar —conocidos como exoplanetas—, porque los planetas no brillan como las estrellas. Pero los científicos desarrollaron técnicas para encontrarlos, como buscar pequeños cambios de color o de brillo en la luz estelar: pistas de que había un planeta orbitando. Ahora, utilizando estas técnicas, se han divisado miles de exoplanetas. Son demasiado pequeños y lejanos para fotografiarlos, pero las agencias espaciales han creado imágenes para mostrarnos qué aspecto podrían tener de cerca.

Se cree que existen más de **100 000 MILLONES DE EXOPLANETAS** en la Vía Láctea.

GIGANTES DE HIELO

Como en nuestro Sistema Solar, la temperatura disminuye cuanto más lejos está un planeta de su estrella. Más allá de la «línea de congelamiento», se cree que los gigantes de hielo de masa similar a Neptuno son comunes.

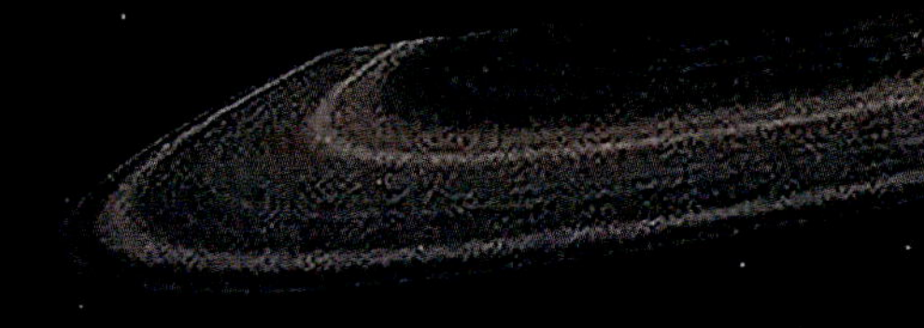

HD209458b

Este planeta orbita a algo más de 7 millones de km (4,3 millones de millas) de su estrella parecida al Sol... que es una distancia incómodamente cercana. Unas 10 000 toneladas de la atmósfera gaseosa del planeta se evaporan en el espacio cada segundo.

WASP-31b

Este planeta cuenta con cerca de la mitad de la masa de Júpiter repartida en un volumen mucho mayor. Es menos denso que un malvavisco, lo que lo convierte en uno de los planetas más ligeros que se han localizado hasta la fecha.

WASP-17b

El telescopio espacial James Webb detectó diminutos cristalitos de cuarzo en las nubes de este planeta masivo parecido a Júpiter, que orbita muy cerca de su estrella. Los científicos creen que los cristales se forman debido al calor y a la presión intensos de la atmósfera del exoplaneta.

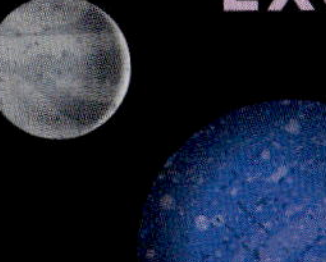

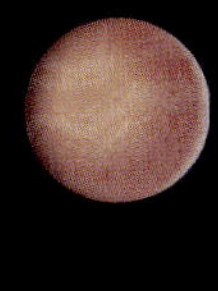

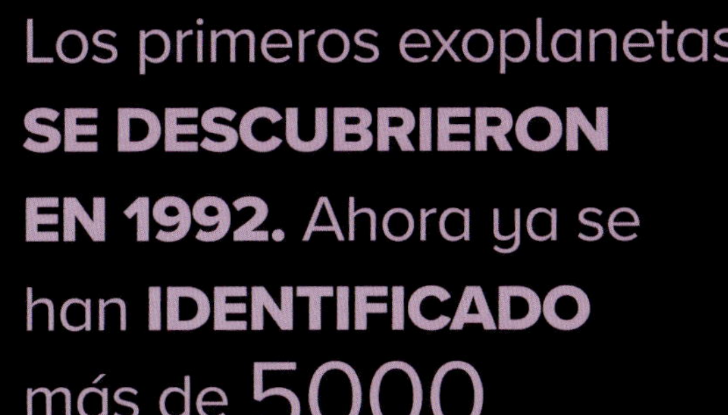

Los primeros exoplanetas **SE DESCUBRIERON EN 1992.** Ahora ya se han **IDENTIFICADO** más de 5000.

HD189733b

Se cree que este gas gigante tiene vientos que soplan a 8690 km/h (5400 mph). Azotan a unas nubes de tonos azules que hacen llover silicatos, lo que en la Tierra conocemos como vidrio.

KEPLER 186f

Los planetas del tamaño de la Tierra en la zona habitable de una estrella son especialmente interesantes. Estos planetas no son demasiado tórridos ni demasiado gélidos, y puede que dispongan en su superficie del agua líquida que sustenta la vida. El Kepler 186f fue el primer exoplaneta de este tipo que se localizó.

WASP-19b

Más masivo que Júpiter, WASP-19b orbita unas 60 veces más cerca de su estrella que lo que lo hace la Tierra alrededor del Sol. El planeta gira a toda prisa alrededor de su estrella una vez cada 19 horas; es esa gran velocidad la que evita que caiga dentro de la estrella.

Las **estrellas blanco-azuladas** son mucho más jóvenes y más abrasadoras que sus vecinas.

Las **estrellas rojo-anaranjadas** son las más antiguas, que crecen en tamaño, se enfrían y se apagan a medida que llegan al final de su ciclo vital.

El **cúmulo globular de Hércules** también se conoce como M13. En esta imagen, creada utilizando el telescopio espacial Hubble, puedes ver los cientos de miles de estrellas individuales que conforman este espectacular cúmulo.

Bola de discoteca

ALGUNAS DE LAS ESTRELLAS MÁS ANTIGUAS DEL UNIVERSO SE ENCUENTRAN EN LOS CÚMULOS MASIVOS que orbitan alrededor de grandes galaxias. El cúmulo globular de Hércules contiene entre 300 000 y 500 000 estrellas, y orbita alrededor de nuestra Vía Láctea. Sus estrellas se mantienen unidas gracias a su propia gravedad que crea la bola de discoteca definitiva. Todas las estrellas del cúmulo se formaron prácticamente al mismo tiempo. Comparar sus distintas propiedades ayuda a los científicos espaciales a desentrañar la evolución de las estrellas.

Las estrellas son más densas en el **centro** del cúmulo globular de Hércules; más de **CIEN VECES** más atestadas que las estrellas que rodean a **NUESTRO SOL**.

CIUDAD ESTELAR

La Vía Láctea contiene más de 150 cúmulos globulares conocidos. Orbitan alrededor de la protuberancia central de la galaxia. En el disco de la Vía Láctea se encuentran grupos más desperdigados de unas pocas estrellas, llamados cúmulos abiertos. Los científicos calculan que podría haber unos 2000 cúmulos abiertos en el disco.

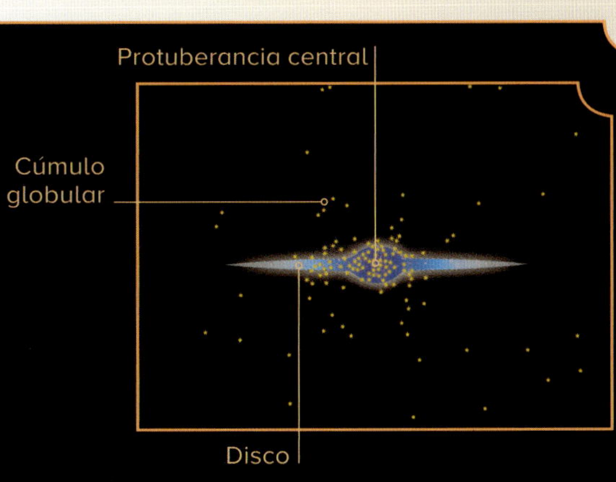

UBICACIÓN

El cúmulo globular de Hércules se halla en la constelación de Hércules (el Forzudo). A veces se la puede ver sin telescopio en los cielos del hemisferio norte como si fuera una estrella borrosa.

Cúmulo globular de Hércules

TAMAÑO

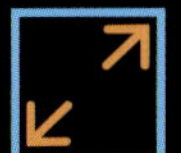

El cúmulo globular tiene entre **145 y 165 años luz** de diámetro.

DISTANCIA DESDE LA TIERRA

El cúmulo se encuentra a unos **25 000 años** luz de la Tierra.

EDAD

Se cree que la mayoría de las estrellas del cúmulo globular de Hércules se formaron hace unos 13 000 millones de años. Se cree que el propio universo tiene 13 800 millones de años. Nuestro Sol es mucho más joven, con unos 4600 millones de años.

SUPERCÚMULO

Con casi 10 millones de estrellas en su interior, Omega Centauri es el cúmulo globular más brillante y más grande de la Vía Láctea. El cúmulo, visible en los cielos del hemisferio sur, parece casi tan grande como la Luna.

CHOQUES CÓSMICOS

Las estrellas de un cúmulo globular a veces chocan y crean estrellas de neutrones, agujeros negros o nuevas estrellas conocidas como rezagadas azules.

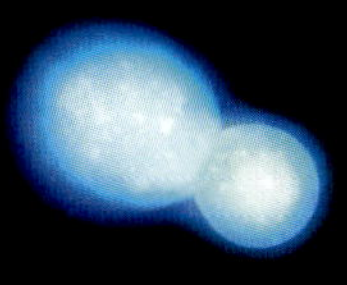

Cúmulo abierto

En el corazón de la **nebulosa Rosetta**, a unos 5000 años luz de la Tierra, se halla un cúmulo abierto de estrellas conocido como NGC 2244. Un cúmulo abierto es un grupo desperdigado de estrellas jóvenes que han nacido al mismo tiempo. La radiación de las estrellas de NGC 2244 provoca que la nebulosa circundante brille.

UBICACIÓN

La nebulosa de Orión es uno de los objetos más observados tanto en el hemisferio norte como en el sur. Se la puede ver apuntando con un telescopio hacia la constelación de Orión (el Cazador) cuyo centro está ubicado justo por debajo del Cinturón de Orión.

TAMAÑO

La nebulosa abarca unos

40 años luz

de diámetro; una distancia enorme que supera por mucho el tamaño de nuestro sistema solar.

DISTANCIA DESDE LA TIERRA

La nebulosa de Orión se encuentra a unos

1350 años luz

de la Tierra, dentro de nuestra galaxia, la Vía Láctea.

DESCUBRIMIENTO

Muchas culturas antiguas, incluida la maya, tenían documentada esta zona de cielo brillante. El primero en catalogarla fue el astrónomo francés Nicolas-Claude Fabri de Peiresc en 1610.

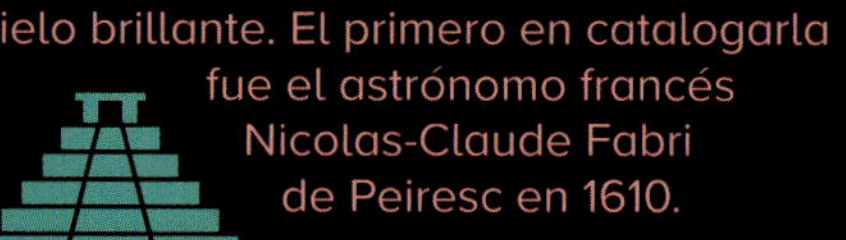

EDAD

Las estrellas del cúmulo del Trapecio son muy jóvenes, con una media de edad de unos

300 000 años.

NUEVOS PLANETAS

Las estrellas no son las únicas que se forman dentro de la nebulosa. Algunas estrellas aglutinan discos de gas y polvo, conocidos como discos protoplanetarios, que pueden acabar convirtiéndose en planetas.

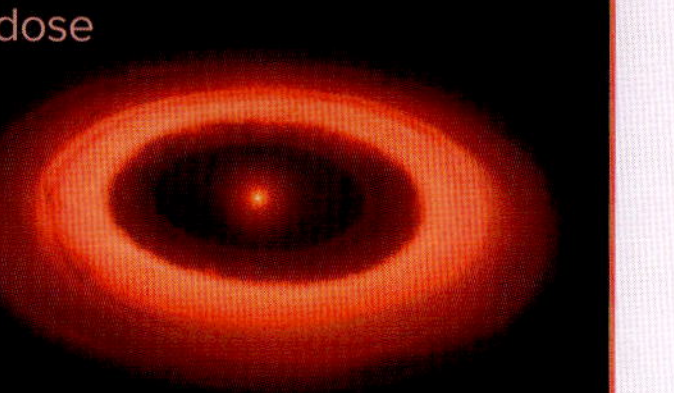

CÚMULO DEL TRAPECIO

La nebulosa de Orión alberga el cúmulo del Trapecio, un grupo de estrellas jóvenes masivas. Apiñadas las unas con las otras, al menos 1000 estrellas llenan una zona del espacio parecida a la brecha que separa al Sol y a Alfa Centauri, nuestro sistema estelar más cercano.

Las cuatro **ESTRELLAS BRILLANTES** del cúmulo del Trapecio forman una figura de cuatro lados: un trapezoide.

Fuego cósmico

LA NEBULOSA DE ORIÓN ES EL PRINCIPAL VIVERO DE ESTRELLAS MÁS CERCANO A LA TIERRA. Contiene miles de estrellas jóvenes, y miles más que aún no se han encendido. En esta imagen, el gas hidrógeno y el polvo brillan de color naranja, el oxígeno es verde y las zonas ricas en sulfuro aparecen de color rojo. Las zonas más densas de gas y polvo forman misteriosas columnas y arcos oscuros esculpidos por la luz de las estrellas y el viento estelar que despiden las estrellas masivas.

El telescopio espacial Hubble tomó 520 fotografías para crear esta imagen de mil millones de píxeles de una zona del cielo del tamaño de una luna llena, con la **nebulosa de Orión** en el centro.

En la **NEBULOSA DE ORIÓN** se han visto unas diminutas estrellas fallidas conocidas como **ENANAS MARRONES.**

Los **vientos estelares** provenientes de las estrellas masivas chocan contra el polvo y el gas de la nebulosa y crean estos patrones.

Cientos de **estrellas más pequeñas** rodean la zona central. Algunas son tan jóvenes que siguen ocultas por densos discos de gas y de residuos, que un día formarán sistemas solares.

Un cúmulo de **estrellas masivas** ilumina el gas y el polvo circundantes, y hace que el centro de la nebulosa brille con fuerza.

Estos tenues puntos rojos son **enanas marrones**. Están calientes, pero no tanto como las estrellas activas.

Este supergigante azul caliente es **Zeta Orionis**. Es la estrella de la izquierda del Cinturón de Orión.

La **nebulosa de la Llama** es una región de formación de estrellas cercana a la nebulosa Cabeza de Caballo.

Las estrellas se están formando en el interior de la nebulosa, pero la mayoría de ellas no pueden verse aún, ya que están rodeadas por un polvo denso.

LAS INMENSAS NUBES DE POLVO Y GAS que hay en esta región del espacio son considerablemente tenues, y las estrellas brillantes cercanas dificultan aún más su visión. Para crear esta imagen de alto contraste, el fotógrafo mezcló la información recopilada por cámaras de alta sensibilidad durante 30 horas.

Caballito de mar en el cielo

CON SU SILUETA RECORTADA CONTRA UNA BRILLANTE NUBE INTERESTELAR, LA NEBULOSA CABEZA DE CABALLO ES UNO DE LOS OBJETIVOS PRINCIPALES DE LOS TELESCOPIOS. Los astrónomos están observando que la radiación de las estrellas cercanas está remodelando esta masa densa, oscura y fría de gas y polvo. Dentro de unos 5 millones de años, la columna en forma de caballito de mar desaparecerá por completo, engullida por estrellas recién formadas de su interior y luego quedará calcinada por su luz.

La **NEBULOSA CABEZA DE CABALLO** es una nebulosa oscura que nos resulta visible porque **TAPA EL BRILLO** de la nebulosa que tiene detrás.

No hay ninguna razón concreta por la que la **NEBULOSA** parezca un caballito de mar; al cerebro humano le gusta detectar patrones dentro del caos.

NUBES EN ESPIRAL

A nuestros ojos, que detectan la luz visible, la nube densa y oscura parece la silueta de un caballito de mar. Sin embargo, los telescopios que detectan otras formas de luz revelan más detalles. Esta imagen infrarroja tomada por el telescopio espacial Hubble muestra cómo el gas y el polvo de la nebulosa Cabeza de Caballo se pliegan y se arremolinan.

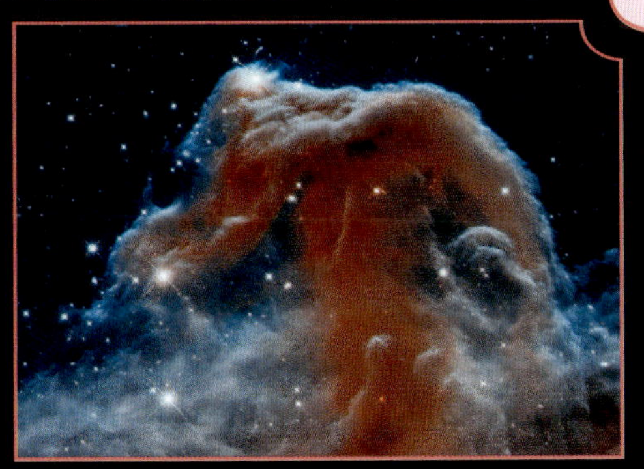

UBICACIÓN

La nebulosa Cabeza de Caballo se halla dentro de la constelación de Orión (el Cazador).

DISTANCIA DESDE LA TIERRA

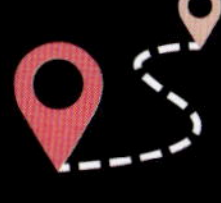

Entre **1300** y **1400 años luz** desde la Tierra

TAMAÑO

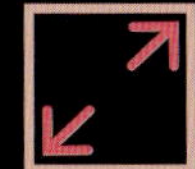

La nebulosa Cabeza de Caballo mide **3,5 años luz** de arriba abajo.

NOMBRE

El nombre oficial de la nebulosa Cabeza de Caballo es Barnard 33, como reza en un antiguo catálogo de nubes oscuras del espacio.

DESCUBRIMIENTO

Las nubes de esta región espacial fueron divisadas por primera vez por el astrónomo germano-británico William Herschel en 1786. Algo más de 100 años después, la astrónoma escocesa Williamina Fleming advirtió el curioso detalle de la cabeza de caballo en una placa fotográfica de la región.

NEBULOSA BRILLANTE

El brillo rojo fuerte por detrás de la nebulosa Cabeza de Caballo lo provoca la nebulosa de emisión IC 434.

UBICACIÓN

La nebulosa del Anillo es visible desde la Tierra en la constelación de la Lira (que recibe el nombre del pequeño instrumento musical).

Nebulosa del Anillo

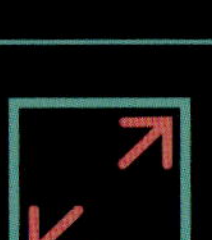

TAMAÑO

El anillo central azul tiene más o menos 1 año luz de diámetro

DISTANCIA DESDE LA TIERRA

La nebulosa se halla a unos

2300 años luz

de la Tierra.

NEBULOSA PLANETARIA

La nebulosa del Anillo es una nebulosa planetaria, uno de los objetos más coloridos del universo. Se la llama así porque a los

primeros astrónomos les parecían planetas muy lejanos con nubes brillantes de gas.

FORMAS CÓSMICAS

Las nebulosas planetarias pueden agruparse en tres tipos principales:

ESFÉRICAS

Abell 39 es una nebulosa planetaria casi esférica.

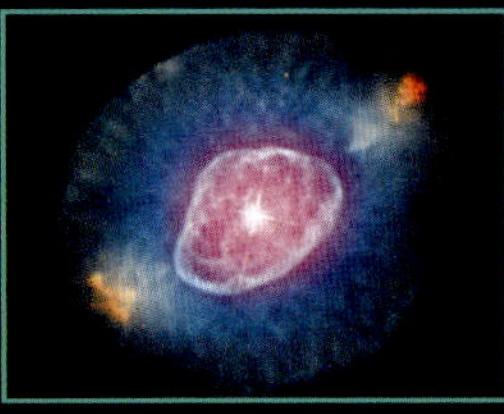

ELÍPTICAS

Como la nebulosa del Anillo, la nebulosa planetaria del Ojo que Parpadea es elíptica (oval).

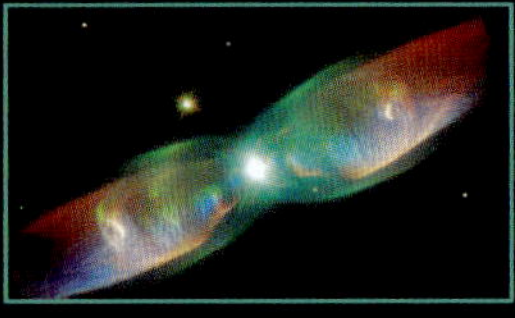

BIPOLARES

Una nebulosa bipolar tiene dos lóbulos de gas y polvo.

PIEDRAS ANGULARES

En el polvo espacial detectado en la nebulosa del Anillo hay moléculas de carbono, que son la base de la vida.

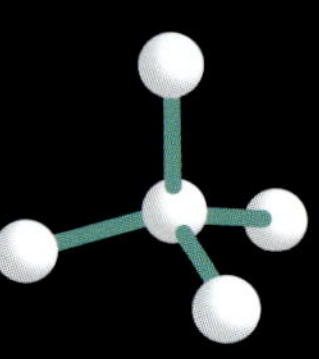

Nube de helio

Gas oxígeno

Capa exterior de nitrógeno

ESTRUCTURA ANILLADA

Aunque desde la Tierra la nebulosa del Anillo parece un anillo plano, posee una forma mucho más compleja. Una nube de gas de helio supercalentada con forma de balón de rugby sobresale por ambos lados de la capa exterior en forma de rosquilla achatada. Comprender esta estructura está ayudando a los científicos espaciales a predecir el futuro de nuestra propia estrella de tamaño medio, el Sol.

Estrella moribunda

LAS ESTRELLAS DE TAMAÑO MEDIO AFRONTAN UN FINAL DE PARTIDA LENTO PERO HERMOSO. La asombrosa nebulosa del Anillo se formó cuando una estrella moribunda se desprendió de sus capas exteriores; pero no en forma de supernova, sino lentamente durante miles de años. En la capa brillante de gas hay elementos forjados dentro de la estrella y químicos que se han formado a medida que este polvo espacial se dispersaba por el espacio. De este modo, el final de una estrella proporciona materia prima a los nuevos sistemas solares.

La capa de gas **brilla** porque se ha calentado más de **17 VECES** la temperatura de **LA SUPERFICIE DEL SOL.**

Una **NEBULOSA PLANETARIA** tiene una **vida útil** corta: de unos pocos miles de años a decenas de miles de años.

Dentro del borde interno del anillo hay **aglomeraciones de gas más denso.** Se han llegado a contar más de 20 000, pero los científicos siguen sin estar seguros de por qué se formaron.

Solo permanece el núcleo de la estrella original, pero esta **enana blanca** sigue ardiendo a casi 100 000 °C (180 000 °F).

El telescopio espacial James Webb localizó unas franjas alrededor del borde de la **nebulosa del Anillo**, como pestañas alrededor de un ojo cósmico. Son «sombras» que proyectan las aglomeraciones de gas más denso, mientras tapan el torrente de luz de la estrella.

UBICACIÓN

La nebulosa de la Mariposa se halla dentro de la constelación de Escorpio (el Escorpión).

TAMAÑO

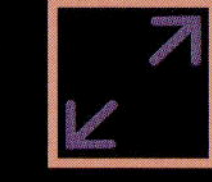

En su punto más ancho, la nebulosa mide más de **3 años luz** de diámetro.

DISTANCIA DESDE LA TIERRA

La nebulosa está a entre **3800 y 4000 años luz** de la Tierra.

EDAD

La nebulosa se ha ido formando durante más de **2200 años.**

TEMPERATURA

La estrella que hay en el corazón de la nebulosa puede que tenga una temperatura en la superficie de más de **220 000 °C** (400 000 °F).

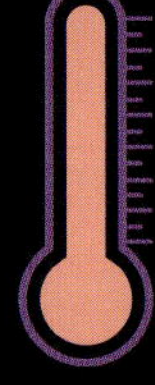

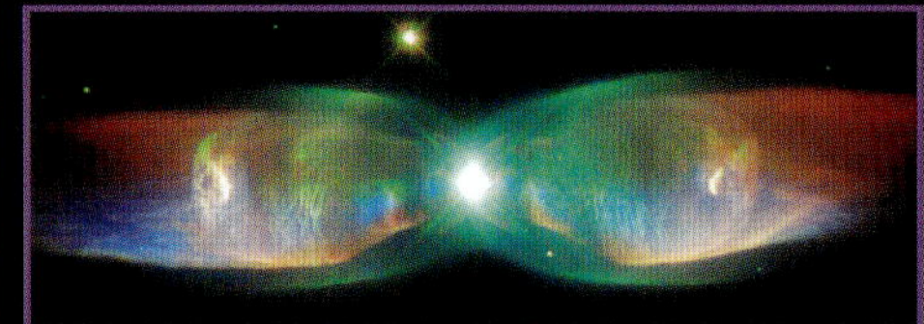

NOMBRE

El nombre oficial de la nebulosa de la Mariposa es NGC 6302, lo que puede ayudar a evitar la confusión, ya que hay otras nebulosas conocidas como nebulosas de la Mariposa, entre ellas la PN M2-9, que vemos aquí arriba.

MISTERIO ESTELAR

Las esperadísimas imágenes del telescopio Webb desvelarán la estrella central. Puede que incluso muestren la fusión de dos estrellas.

Alas iluminadas

LAS RESPLANDECIENTES «ALAS» DE LA NEBULOSA DE LA MARIPOSA DESVELAN SU HISTORIA. Como otras nebulosas planetarias, esta nube gigante de gas y polvo la expulsó una estrella moribunda. Aunque está llegando al final de su vida, esta enana blanca es una de las estrellas más abrasadoras que se recuerdan. Baña la nebulosa con una radiación intensa, hace que brille con fuerza y nos muestra los caminos que tomaron los chorros de gas al alejarse a gran velocidad de la estrella.

La estrella moribunda de la nebulosa tiene unos **DOS TERCIOS DE LA MASA DEL SOL**, pero está más de 200 veces más caliente.

Los **CHORROS DE GAS** de la nebulosa se alejan de la estrella a casi 1 millón de km/h (620 000 mph).

ENANAS BLANCAS

Se cree que la estrella oculta en el centro de la nebulosa de la Mariposa es una enana blanca; una estrella pequeña, densa e increíblemente caliente que se acerca al final de su vida. La enana blanca más cercana a nosotros está a unos 8,6 años luz y se llama Sirius B. Puede verse en esta imagen del Hubble como un puntito debajo y a la izquierda de su estrella compañera Sirius A, que es la estrella más brillante del cielo nocturno.

SIRIUS A Y SIRIUS B

Las zonas rojizas de esta **imagen del telescopio espacial Hubble** revelan la luz que emite el nitrógeno.

Un cinturón de polvo caliente **oculta la estrella** que hay en el centro de la nebulosa.

UNA NEBULOSA PLANETARIA crece poco a poco, como una estrella parecida al Sol que se hincha hasta convertirse en un gigante rojo, y luego se despoja de sus capas exteriores. El núcleo se contrae y se calienta, liberando radiación intensa que provoca que la nebulosa brille.

Las zonas blancas revelan **ondas expansivas** en las que el gas de movimiento rápido ha chocado contra el gas de movimiento más lento expulsado anteriormente por la estrella.

UBICACIÓN

El Quinteto de Stephan se encuentra en la constelación de Pegaso (el Caballo Volador).

DISTANCIA DESDE LA TIERRA

El compacto grupo de cuatro galaxias —NGC 7317, NGC 7318A, NGC 7318BG y NGC 7319— está a casi 300 millones de años luz de la Tierra. NGC 7320 está siete veces más cerca, a unos 40 millones de años luz de la Tierra.

MASA

El agujero negro supermasivo del centro de NGC 7319 cuenta con una masa 24 millones de veces mayor que la de la Tierra.

ENERGÍA

La materia que se arremolina en el interior del agujero negro de NGC 7319 brilla con la energía de 40 000 millones de soles.

ONDA EXPANSIVA

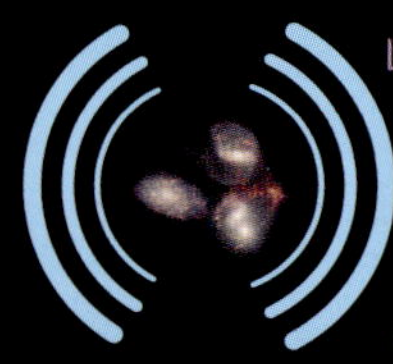

La onda expansiva que se origina a medida que NGC 7318B interactúa con sus tres vecinas galácticas se mueve a 3,2 millones de km/h (2 millones de mph).

DESCUBRIMIENTO

El astrónomo francés Edouard Stephan fue el primero en detectar el grupo, en 1877. En aquella época, nadie sospechaba que existían galaxias más allá de la nuestra, así que las registró como nuevas nebulosas.

GALAXIAS DE RAYOS X

Al estudiar las imágenes del Quinteto de Stephan tomadas en distintas longitudes de onda, como los rayos X y los infrarrojos, los científicos pueden analizar cómo las batallas gravitatorias y las explosiones de energía han transformado cada galaxia a lo largo de cientos de millones de años. Las observaciones de rayos X revelan las emisiones de alta energía de las ondas expansivas, mientras que las imágenes infrarrojas destacan las regiones de formación de estrellas activas.

La interacción entre las galaxias crea **COLAS DE MAREA**, en las que las estrellas son expulsadas de las galaxias debido a las **FUERZAS GRAVITATORIAS.**

Galaxias en danza

LAS GALAXIAS QUE CHOCAN CENTELLEAN CON LA FORMACIÓN DE NUEVAS ESTRELLAS. A las cinco galaxias —tres en espiral y dos elípticas— de esta extraordinaria imagen se las conoce como el Quinteto de Stephan. Cuatro de ellas están lo bastante cerca como para interactuar, lo que transforma su aspecto, levanta polvo y desencadena la formación de estrellas. La zona es un objetivo inmejorable para el telescopio de los científicos que estudian la evolución de las galaxias y la creación de las estrellas.

Los científicos predicen que las cuatro galaxias cercanas **SE FUSIONARÁN E UNA ENORME GALAXIA ELÍPTICA** dentro varios millones de años.

ESTA IMAGEN DEL QUINTETO DE STEPHAN se creó con casi mil imágenes distintas del telescopio espacial James Webb (TEJW). Muestra una zona que abarca 620 000 años luz y es una las mayores imágenes jamás tomada por el TEJW.

ESO 593-8

Las galaxias son en su mayoría espacio vacío. Esto permite a la galaxia en espiral de esta imagen que parece una pluma traspasar a otra que está en su camino. Otras imágenes han revelado que hay una tercera galaxia oculta, en la que se están formando millones de nuevas estrellas.

NGC 6670

Como una pincelada en el espacio, esta galaxia resplandece cien mil millones de veces más que la luminosidad del Sol. Este brillo intenso es el resultado de dos galaxias que chocaron en el pasado y desencadenaron un frenesí de formación de estrellas. Aún se pueden identificar los centros de ambas galaxias, separados por unos 50 000 años luz. A escala galáctica, es lo bastante cerca como para que se vean arrastradas a una segunda colisión.

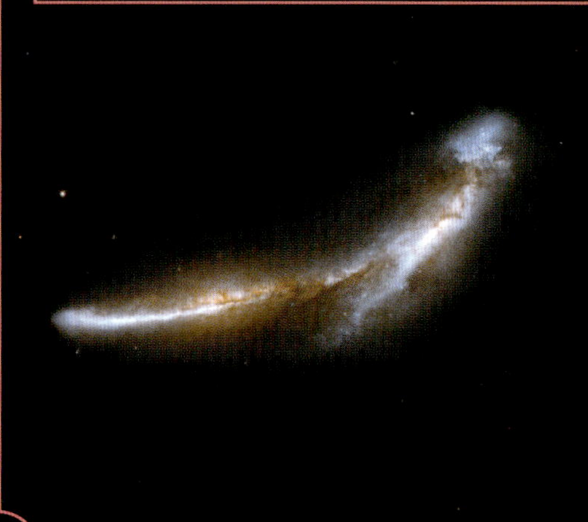

UGC 8335

Este garabato en el espacio muestra lo complejos que pueden ser los efectos de una colisión galáctica. Del cuerpo de cada galaxia en espiral se han desprendido colas de estrella largas y curvas y gas interestelar. Mientras tanto, carriles gigantes de polvo estelar recorren el centro de las galaxias. Llegado el momento, la gravedad atraerá a las estrellas de ambas galaxias hacia una nube elíptica gigante.

Choque de galaxias

MUCHOS DE LOS OBJETOS LEJANOS DEL ESPACIO SE COMPONEN DE MÚLTIPLES GALAXIAS, QUE CHOCAN DE MANERA VIOLENTA Y SE ROBAN ESTRELLAS LAS UNAS A LAS OTRAS. Durante estos choques las galaxias experimentan intensas fuerzas gravitatorias que alteran su forma, expulsan a muchas estrellas y atraen a otras a nuevas órbitas. Pero las colisiones y las fusiones galácticas no solo acarrean destrucción, también desencadenan el nacimiento de miles de millones de nuevas estrellas.

Los astrónomos creen que las galaxias de la Vía Láctea y de Andrómeda podrían chocar dentro de unos 4500 millones de años.

NGC 6240

Esta irregular galaxia es el resultado del choque y la fusión de dos galaxias. Ocultos en su centro hay agujeros negros supermasivos, a los que solo los separan 3000 años luz y que algún día colisionarán.

ARP 272

Los brazos de dos galaxias en espiral, que se hallan en el interior del cúmulo de galaxias de Hércules, se entrelazan a medida que las galaxias chocan y se fusionan. La colisión cósmica está sucediendo a unos 450 millones de años luz de la Tierra.

Alrededor de un **CUARTO** de las galaxias existentes están ahora mismo fusionándose con otras galaxias.

ARP 273

El Hubble captó esta imagen de dos galaxias en espiral después de un encuentro cercano. La forma de los brazos sugiere que en algún momento la galaxia más pequeña ha atravesado a la grande, lo que ha deshecho las dos espirales.

ARP 148

Como una flecha que acierta en el centro de la diana, esta espectacular colisión está creando ondas expansivas que expulsan el contenido de toda una galaxia hacia fuera en forma de anillo. Las dos galaxias que están interactuando aquí se encuentran a unos 500 años luz de la Tierra.

LA GALAXIA REMOLINO es una galaxia en espiral, como nuestra Vía Láctea. Sus brazos enrollados están perfectamente definidos. Los científicos creen que quizá se deba a la interacción con la galaxia enana que hay a su derecha.

SUPERNOVA

En 2005 se advirtió la poderosa explosión de una estrella moribunda —conocida como supernova— en la galaxia Remolino. La supernova tuvo lugar hace 24,7 millones de años: son los años que tarda su estallido de luz en llegar a la Tierra.

Los científicos creen que la **GALAXIA REMOLINO** alberga el primer planeta conocido fuera de la Vía Láctea.

El centro brillante de la galaxia Remolino reluce **100 MILLONES DE VECES MÁS** que el Sol.

Fusión de galaxias

CUANDO CHOCAN LAS GALAXIAS, COBRAN VIDA MILES DE MILLONES DE NUEVAS ESTRELLAS. La galaxia Remolino y su compañera más pequeña se empezaron a fusionar hace unos 400 millones de años. Este tira y afloja gravitatorio ha provocado grandes nubes de gas y polvo. A medida que las nubes se vienen abajo por su propia gravedad, arden innumerables nuevas estrellas en cúmulos e iluminan los brazos en espiral de la galaxia Remolino.

UBICACIÓN

La Galaxia Remolino se encuentra en la constelación Canes Venatici (los Perros de Caza).

Galaxia Remolino

TAMAÑO

La galaxia Remolino mide unos

60 000 años luz

de diámetro.

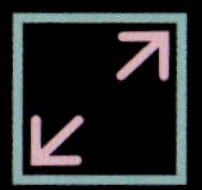

DISTANCIA DESDE LA TIERRA

Unos

30 millones de años luz

EDAD

Unos **400 millones de años**

NOMBRE

A la galaxia Remolino también se la conoce como Messier 51a (M51a) o NGC 5194.

DESCUBRIMIENTO

La galaxia Remolino la descubrió el astrónomo francés Charles Messier en 1773.

COMPAÑERA CÓSMICA

La galaxia enana compañera de la galaxia Remolino se llama Messier 51B M51B o NGC 5195. La descubrió el astrónomo francés Pierre Méchain en 1781. La fuerza gravitatoria de esta galaxia más pequeña crea ondas en la Remolino y desencadena la formación de estrellas.

TAMAÑO MEDIO

Las estrellas de neutrones miden unos

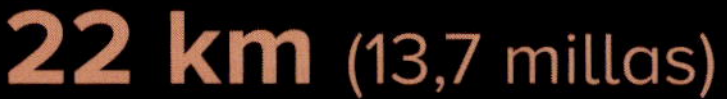

22 km (13,7 millas)

de diámetro: el tamaño de una gran ciudad.

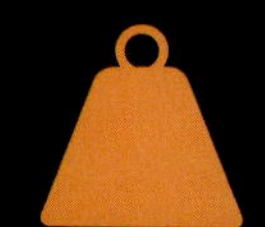

MASA

Una típica estrella de neutrones contiene la masa de hasta dos soles.

ROTADORES RÁPIDOS

A medida que se contrae su núcleo, una estrella de neutrones puede empezar a girar más y más rápido. Algunas estrellas de neutrones rotan hasta 700 veces por segundo.

FAROS

Algunas estrellas de neutrones son como faros espaciales. A medida que giran, emiten haces de ondas electromagnéticas (rayos X u ondas de radio) que se pueden detectar en la Tierra. A estas resplandecientes estrellas de neutrones se las conoce como púlsares.

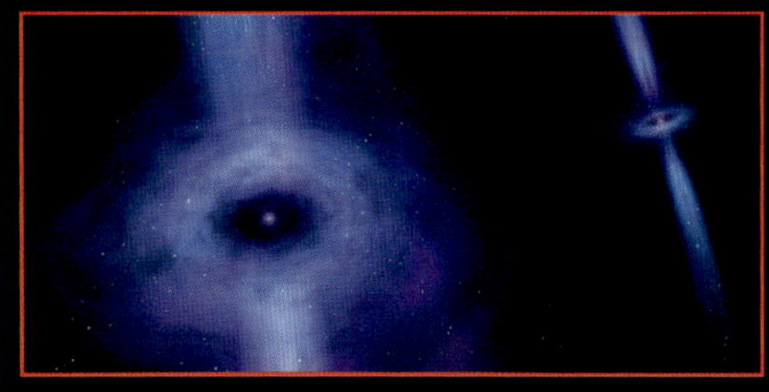

ESTRELLAS SUPERRESISTENTES

Se calcula que la superficie sólida de una estrella de neutrones es 10 000 millones de veces más resistente que el acero.

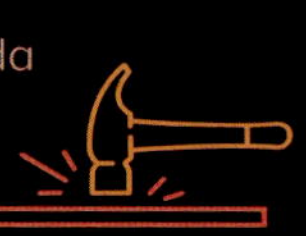

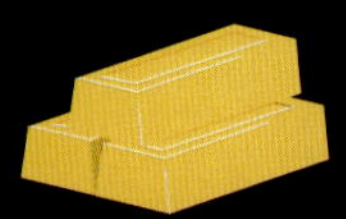

MINA DE ORO

Los científicos creen que la colisión de estrellas de neutrones que se observó en 2017 creó 200 masas terrestres de oro puro.

NUBE EN EXPANSIÓN

Cuando dos estrellas de neutrones chocan entre sí, expulsan una nube de escombros radioactivos que, en el transcurso de un solo día, se expande desde el tamaño de una ciudad hasta el de nuestro sistema solar.

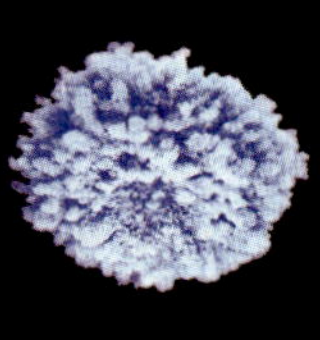

UNA ESTRELLA DE NEUTRONES POR DENTRO

La corteza sólida de una estrella de neutrones tiene un grosor de 1 km (0,6 millas). Esta capa es increíblemente lisa; no hay protuberancias mayores de 5 mm (0,19 in) de altura. Bajo la corteza se halla un interior superfluido compuesto de partículas subatómicas llamadas neutrones.

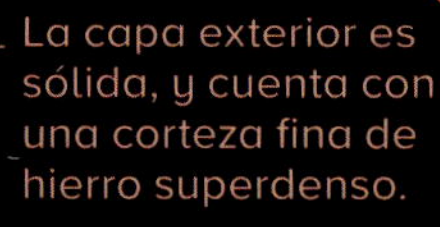

La capa exterior es sólida, y cuenta con una corteza fina de hierro superdenso.

El núcleo está compuesto de protones y neutrones.

La capa interior se compone principalmente de neutrones.

LAS ESTRELLAS DE NEUTRONES son los imanes más poderosos del universo; su campo magnético puede ser un **BILLÓN DE VECES** más potente que el de la Tierra.

Agitadoras espaciales

PRESENCIA LA COLISIÓN MÁS POTENTE Y VIOLENTA DEL UNIVERSO. Las estrellas de neutrones se forman cuando una estrella gigante muere en una explosión de supernova y deja un núcleo denso, pequeño y tórrido con un campo gravitatorio muy potente. Cuando dos estrellas de neutrones chocan, liberan la energía suficiente como para ondular el propio tejido del espacio. Estas espectaculares colisiones también crean metales pesados, como el oro, la plata, el platino y el uranio.

Una cucharada de **ESTRELLAS DE NEUTRONES** pesa lo mismo que el **QOMOLANGMA FENG** (Monte Everest).

La explosión desata un corto estallido de luz de la mayor energía, conocido como **estallido de rayos gamma**.

Después de que dos estrellas de neutrones empiecen a orbitar una alrededor de la otra, sus potentes efectos gravitatorios las atraen hasta que **chocan violentamente**.

Es probable que **LAS ESTRELLAS DE NEUTRONES** que aparecen en esta ilustración pasaran 11 000 millones de años orbitando una alrededor de la otra hasta que al final chocaron. El evento explosivo se divisó en 2017, a unos 130 millones de años luz de la Tierra.

Fuerza invisible

NADA PUEDE ESCAPAR DEL INTERIOR DE UN AGUJERO NEGRO. Sin luz alguna que salga de su superficie y llegue a nuestros telescopios, los agujeros negros son completamente invisibles. La mayoría de los que conocemos se basan en la teoría más que en la observación, y siguen rodeados de misterios. Sin embargo, los científicos pueden detectar los efectos de la extraordinaria gravedad de un agujero negro en las estrellas cercanas.

UN AGUJERO NEGRO es uno de los objetos más fascinantes del universo. Esta ilustración muestra un agujero negro rodeado de gas y polvo brillantes moviéndose en espiral interior hacia el horizonte de sucesos.

El **horizonte de sucesos** marca la «superficie» de un agujero negro. En cuanto la materia o la luz se hallan en el interior del horizonte de sucesos, ya no pueden escapar.

Ni lo más rápido del universo —la luz— es **CAPAZ DE SALIR** del interior de un agujero negro.

TAMAÑO

A pesar de contar con una masa inimaginable, la singularidad en el centro de un agujero negro cabría en la palma de tu mano.

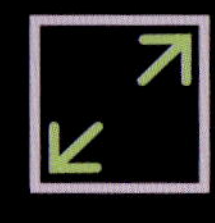

MASA

M87 es una galaxia que cuenta en su centro con uno de los agujeros negros más grandes jamás detectados. Se llama M87* y tiene más de 1000 veces la masa de Sagitario A*, el agujero negro del centro de la Vía Láctea. M87* se halla a 55 millones de años luz de la Tierra.

DIÁMETRO

Sagitario A* tiene un diámetro de 24 millones de km (15 millones de millas). Con 38 000 millones de km (24 000 millones de millas), el diámetro de M87* es más de 1500 veces mayor. Aquí vemos comparadas las medidas de ambos agujeros negros y de nuestro Sol.

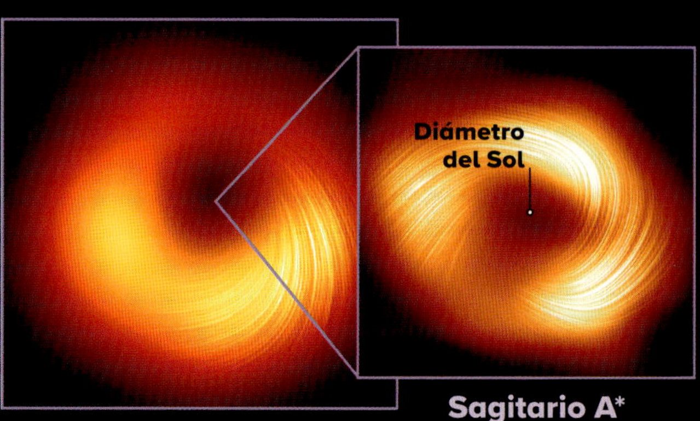

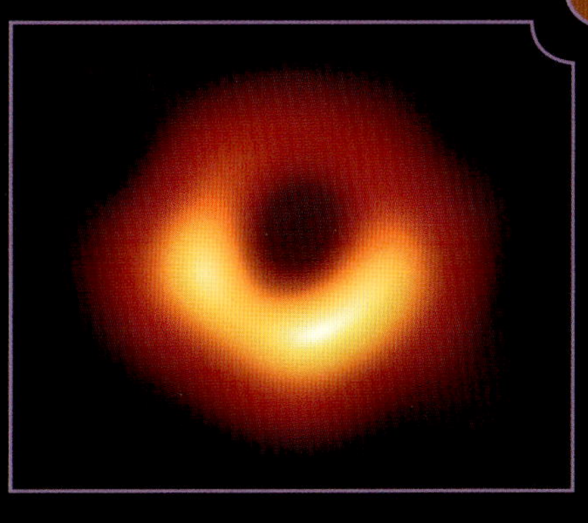

LA PRIMERA IMAGEN

En 2019, el Telescopio del Horizonte de Sucesos de tamaño planetario (un conjunto de ocho radiotelescopios repartidos por toda la superficie terrestre) tomó la primera imagen que mostraba la presencia de un agujero negro. La imagen nos desvela la forma del superagujero negro M87* en el centro de la galaxia M87. Se ve la silueta del agujero negro gracias a la materia brillante que aún no ha cruzado el horizonte de sucesos.

Esta nube de gas y polvo se llama **disco de acreción**. Se calienta debido a las fuerzas gravitatorias y de fricción a medida que se acerca al agujero negro.

La zona central contiene toda la materia comprimida en un punto de una densidad infinita llamado **singularidad**.

El agujero negro **SUPERMASIVO** del centro de la galaxia Holm 15a tiene una masa unas **40 000 MILLONES** de veces mayor que la masa del Sol.

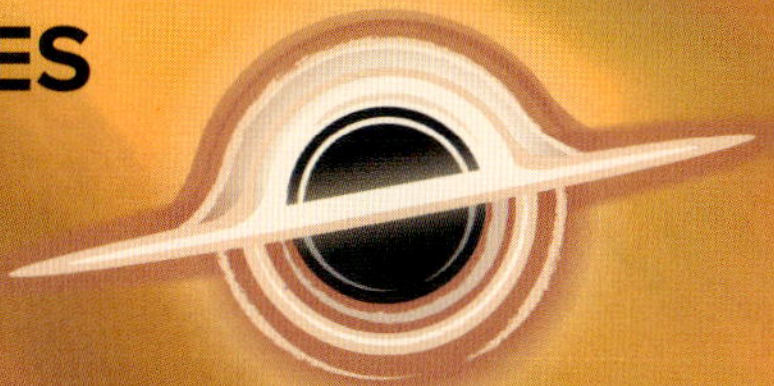

TIPOS DE AGUJERO NEGRO

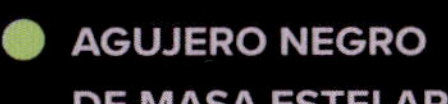

AGUJERO NEGRO DE MASA ESTELAR

Cuando el tipo de estrella más masiva muere como supernova, sus capas exteriores se dispersan por el espacio. Las capas interiores se funden en un núcleo compacto de densidad infinita conocido como singularidad.

AGUJERO NEGRO SUPERMASIVO

Este se forma en los espacios entre estrellas, cuando inmensas nubes de gas se derrumban por su propia gravedad. Este tipo de agujero negro se halla en el centro de muchas galaxias y también tiene su propia singularidad.

COLISIÓN CÓSMICA

La teoría general de la relatividad de Albert Einstein predijo cómo se estructuran los agujeros negros. Einstein también predijo correctamente que cuando chocan dos agujeros negros, la violenta colisión envía ondas gravitatorias que ondulan por el tejido del espacio.

SE PARA EL TIEMPO

Cuanto más te acercas a un agujero negro, más lento avanza el tiempo. Lo que ocurre en el interior de un agujero negro sigue siendo un misterio.

Glosario

AGUJERO NEGRO SUPERMASIVO Un agujero negro con una masa cientos de miles, millones o miles de millones de veces mayor que la de nuestro Sol.

AGUJERO NEGRO Una zona del espacio con una atracción gravitatoria tan potente que engulle cualquier cosa que se le acerque demasiado, incluso la luz.

ANTENA Un tipo de dispositivo que usan las naves espaciales y los telescopios para enviar y recibir señales.

AÑO El tiempo que tarda un planeta en completar una órbita alrededor del Sol.

AÑO LUZ La distancia a la que viaja la luz en un año (unos 10 billones de kilómetros o 6 billones de millas).

ASTEROIDE CERCANO A LA TIERRA Un asteroide cuya trayectoria de órbita pasa cerca de la Tierra.

ASTEROIDE Objeto rocoso más pequeño que un planeta. La mayoría de los asteroides orbitan alrededor del Sol entre Marte y Júpiter.

ATMÓSFERA La capa de gas que envuelve a un planeta o a una estrella.

AURORA Un patrón de luz que aparece cerca de los polos de algunos planetas.

BIG BANG La expansión cósmica que los científicos creen que creó el universo hace miles de millones de años.

BIODIVERSIDAD La variedad de vida en la Tierra. Una zona con gran biodiversidad cuenta con muchas clases distintas de animales y plantas.

BRILLO TERRESTRE Luz que dispersan las nubes, los océanos y la tierra de nuestro planeta hacia el espacio, donde puede iluminar de manera tenue la cara nocturna de la Luna.

BURBUJAS DE FERMI Dos inmensas burbujas de gas caliente que se extienden por encima y por debajo del centro de nuestra galaxia.

CALDERA El enorme cráter que queda después de que una erupción violenta destruya un volcán.

CAMPO MAGNÉTICO Una zona de magnetismo que crea un planeta, una estrella o una galaxia, que lo envuelve y que se extiende hacia el espacio.

CAMPO PROFUNDO Una imagen de una parte del cielo que revela objetos muy tenues y lejanos.

CÁPSULA Una pequeña nave espacial diseñada para transportar a astronautas desde el espacio de vuelta a la Tierra.

CAÑÓN Un valle profundo y de gran pendiente, a menudo con acantilados a ambos lados.

CINTURÓN DE ASTEROIDES La zona del espacio en el sistema solar, entre las órbitas de Marte y Júpiter que tiene el mayor número de asteroides orbitando a su alrededor.

CINTURÓN DE KUIPER Una gran extensión del sistema solar más allá de la órbita del planeta Neptuno que contiene muchos cuerpos celestes pequeños y congelados, conocidos como objetos del cinturón de Kuiper.

CLIMA El típico patrón anual de tiempo meteorológico de un lugar específico.

COMA Una nube brillante de gas y polvo alrededor de un cometa.

COMETA Un objeto grande y sólido compuesto de polvo y hielo que orbita alrededor del Sol. A medida que se acerca al Sol, el hielo se comienza a evaporar y crea dos colas: una de polvo y otra de gas.

CONSTELACIÓN Una zona del cielo con nombre propio con un patrón de estrellas inconfundible.

CORONA La parte exterior del Sol o de la atmósfera de una estrella, vista como un halo blanco durante un eclipse solar.

CORTEZA La capa dura, por lo general rocosa, más externa de la Tierra o de otro planeta o luna.

COSMOS Otra palabra para referirse al universo.

CRÁTER DE IMPACTO Hoyo inmenso que deja un objeto de movimiento rápido, como un asteroide, en la superficie de un planeta o de una luna cuando choca contra él.

CRÁTER Una depresión en forma de bol en la superficie de un planeta, luna, asteroide u otro cuerpo celeste.

CRIOVOLCÁN También llamado volcán de hielo, es un tipo de volcán que expulsa líquidos y gases cuando el agua helada u otras formas de hielo se derriten.

CRISTAL Pequeño fragmento de material sólido que de manera natural se forma con un aspecto regular con caras planas y bordes rectos.

CUERPO CELESTE Cualquier objeto natural visto fuera de la atmósfera terrestre.

CÚMULO ABIERTO Un grupo disperso de estrellas, por lo general jóvenes, dentro de una galaxia.

CÚMULO GLOBULAR Un conjunto enorme con forma de bola de estrellas viejas que están muy juntas.

DÍA El tiempo que tarda un planeta en rotar una vez sobre su eje.

DISCO DE ACRECIÓN Un anillo en espiral de gas y polvo que se forma alrededor de una estrella o de un agujero negro. A medida que el material del disco se ve atraído hacia el centro, se calienta y brilla.

DISCO PROTOPLANETARIO Una inmensa extensión más o menos plana de gas y polvo que orbita alrededor de una estrella joven. Los planetas pueden formarse a partir de estos discos.

DRON Un pequeño vehículo robótico volador.

ECLIPSE LUNAR Un suceso durante el cual la Tierra proyecta una sombra sobre la Luna.

ECLIPSE Un suceso fugaz que tiene lugar cuando un cuerpo astronómico, como la Luna, proyecta una sombra sobre otro objeto astronómico, como la Tierra.

ENANA BLANCA Una estrella pequeña y tenue. Nuestro Sol acabará convirtiéndose en una enana blanca.

ENANA MARRÓN Un objeto más pequeño que una estrella, pero mayor que una planeta. Genera calor, pero poca o ninguna luz. También se la conoce como estrella fallida.

ERUPCIÓN SOLAR El resplandor de una parte de la superficie del Sol, acompañada de la liberación de cantidades ingentes de energía electromagnética.

ESA Agencia Espacial Europea; una organización internacional de exploración espacial con 22 estados europeos miembros.

ESCUDO TÉRMICO Parte de una nave espacial que protege a otras partes del calor del Sol o del calor de un motor.

ESPACIO-TIEMPO Una combinación de las tres dimensiones del espacio (largo, ancho y alto) con la dimensión del tiempo.

ESTELAR Relativo a las estrellas.

ESTRELLA DE NEUTRONES Una estrella densa que ha explotado y que, principalmente, se compone de neutrones.

ESTRELLA FALLIDA Un término que se usa para referirse a una enana marrón.

ESTRELLA Una gigantesca bola de gas que produce luz y calor.

EXOPLANETA Un planeta que orbita alrededor de una estrella que no es el Sol.

EXTINCIÓN La pérdida permanente de una especie (una clase de organismo) tras la muerte de su último miembro vivo.

FASE La porción de una luna o de un planeta que se ve iluminada por el Sol. La Luna pasa por un ciclo de distintas fases durante 30 días.

FUSIÓN NUCLEAR Un proceso en el que dos núcleos atómicos se unen para formar un núcleo más pesado y desprender una gran cantidad de energía.

GALAXIA ELÍPTICA Un tipo de galaxia que tiene una forma redondeada parecida a una esfera, o a veces a un balón de rugby. Las galaxias elípticas, como la Vía Láctea, no tienen brazos en espiral.

GALAXIA ENANA Una pequeña galaxia con entre mil y unos cuantos miles de millones de estrellas.

GALAXIA EN ESPIRAL Un tipo de galaxia que tiene un disco plano circular compuesto de estructuras como de remolino, conocidas como brazos espirales. La Vía Láctea y la cercana galaxia de Andrómeda son dos ejemplos de galaxias en espiral.

GALAXIA IRREGULAR Una galaxia sin una forma definida.

GALAXIA Un conjunto de estrellas —desde unas 1000 hasta billones—, gas y polvo que la gravedad mantiene unidos.

GIGANTE ROJO Una gran estrella con una temperatura relativamente baja en su superficie, lo que le confiere un suave color rojizo. Un gigante rojo está cerca de la fase final de su vida.

GRAVEDAD La fuerza que atrae a todos los objetos que tienen masa y energía hacia otro. Es la fuerza que mantiene en órbita a las lunas alrededor de los planetas, y a los planetas en órbita alrededor del Sol.

HIPERNOVA Una supernova (estrella que explota) con una potencia inusitada.

HIPERSÓNICO Más de cinco veces más rápido que la velocidad del sonido.

HORIZONTE DE SUCESOS El límite alrededor de un agujero negro; una vez lo ha cruzado, nada puede salir del agujero negro.

HURACÁN Una tormenta rotatoria gigante con vientos potentes y bandas de nubes que salen en espiral de su centro.

INTERESTELAR Entre las estrellas.

JAXA Agencia Japonesa de Exploración Aeroespacial; la agencia espacial nacional japonesa.

LANZAMIENTO Cuando una nave espacial abandona la Tierra y alcanza la velocidad en el espacio a la que puede permanecer en órbita.

LAVA Roca fundida que expulsa un volcán.

LONGITUD DE ONDA La longitud de las ondas de cualquier clase de energía transmitida como ondas.

LUMINOSIDAD El brillo de algo, como una estrella.

LUNAR Relativo a la Luna.

LUNAS GALILEANAS Las cuatro lunas más grandes del planeta Júpiter (Ío, Europa, Ganímedes y Calisto). Se las conoce como lunas galileanas porque las vio por primera vez el astrónomo italiano Galileo Galilei.

LUZ VISIBLE Radiación electromagnética que pueden detectar nuestros ojos y que nos confiere el sentido de la vista.

MAGNETÓMETRO Un instrumento que se utiliza para medir fuerzas magnéticas.

MANTO Una capa gruesa de roca caliente bajo la corteza de una luna o un planeta.

MARE (PLURAL MARIA) Una zona amplia y oscura de la superficie de la Luna donde hay unos cuantos cráteres. También llamado mar lunar, un mare se forma a partir de ríos de lava.

MATERIA OSCURA Materia invisible que se cree que existe en el espacio. Los astrofísicos creen que la materia oscura y la energía oscura suponen el 95 % del universo.

METEORITO Una roca espacial, o un fragmento de ella, que ha atravesado la atmósfera de la Tierra y ha aterrizado en la superficie.

METEORO El nombre científico de una estrella fugaz. Una diminuta manchita de polvo espacial que brilla brevemente al arder cuando choca con la atmósfera de la Tierra.

METEOROIDE Un pequeño fragmento de roca, metal o hielo que viaja a través del espacio.

MICROGRAVEDAD Gravedad muy débil de una nave espacial, que hace que los objetos floten como si no pesaran.

MINERAL Una sustancia natural sólida e inorgánica. Las rocas están hechas de minerales.

MÓDULO DE ATERRIZAJE Una astronave diseñada para aterrizar en la superficie de un planeta o de otro objeto espacial.

MÓDULO SOLAR Conjunto de paneles solares que se utiliza para generar electricidad a partir de la luz del sol.

MÓDULO Una parte diferenciada de una nave o de una estación espacial.

NASA Administración Nacional Aeronáutica y Espacial; la agencia del gobierno de EE. UU. responsable del programa espacial nacional.

NAVE ESPACIAL Un vehículo, tripulado o robótico, que está diseñado para viajar a través del espacio.

NEBULOSA DE EMISIÓN Una nube de gas en el espacio que emite luz.

NEBULOSA OSCURA Una nube de gas o de polvo en el espacio que tapa la luz de las estrellas que tiene detrás.

NEBULOSA PLANETARIA Una nube brillante de gas alrededor de una estrella al final de su vida.

NEBULOSA Una inmensa nube de gas y polvo en el espacio.

NEUTRÓN Una de las diminutas partículas que se encuentran en el núcleo (centro) de un átomo.

NOVA ROJA Una explosión que tiene lugar cuando se fusionan dos estrellas. Las novas rojas generan un característico color rojizo.

NUBE DE OORT Una gigantesca esfera de objetos helados parecidos a un cometa que se cree que rodea al Sol y que forma la región más distante del sistema solar.

NÚCLEO (DE UN COMETA) El centro sólido de un cometa.

NÚCLEO La parte central de un planeta o una estrella.

OBJETO HERBIG-HARO (HH) Una mancha brillante de gas y polvo cerca de una estrella recién nacida.

OBSERVATORIO Un edificio, nave espacial o satélite que contiene un telescopio que se utiliza para observar objetos del espacio.

ONDA DE RADIO Un tipo de onda electromagnética que tiene poca energía y una gran longitud de onda. Se usa un radiotelescopio para detectar las ondas de radio de estrellas y galaxias lejanas.

ONDA ELECTROMAGNÉTICA Un tipo de onda energética que puede viajar por el espacio. Las ondas de radio, la luz visible y los rayos X son formas de onda electromagnética.

ONDA EXPANSIVA Una onda de energía que se genera por una explosión o por algo que viaja a una velocidad supersónica.

ONDA GRAVITATORIA Una onda que viaja a través del campo gravitatorio a la velocidad de la luz. Las ondas gravitatorias las provocan sucesos cósmicos violentos, como colisiones entre agujeros negros.

ORBITADOR Astronave diseñada para orbitar alrededor de un objeto, pero no para aterrizar en él.

ÓRBITA La trayectoria curva que toma un objeto en el espacio a medida que viaja alrededor de un objeto mayor. La Tierra, por ejemplo, orbita alrededor del Sol.

PALASITO Un tipo de meteorito que tiene grandes cristales incrustados en el metal.

PANEL SOLAR Un dispositivo que se usa para generar electricidad a partir de la luz del sol.

PARASOL Un escudo térmico que protege el instrumental de una nave espacial del calor y de la luz del Sol.

PARTÍCULA SOLAR Una partícula cargada de gran energía que emite el Sol.

PARTÍCULA SUBATÓMICA Cualquier partícula menor que la de un átomo.

PASEO ESPACIAL Cualquier actividad en la que un astronauta con un traje espacial sale de una nave durante una misión. También se la llama EVA (actividad extravehicular).

PERIODO ORBITAL El tiempo que tarda un objeto en el espacio en completar una órbita alrededor de otro objeto. Al periodo orbital de un planeta alrededor del Sol se le llama año.

PLACA TECTÓNICA Uno de los gigantescos fragmentos que conforman la capa rocosa más externa de la Tierra. Las placas tectónicas se mueven lentamente, cambian la forma de los continentes y provocan terremotos y la formación de volcanes.

PLANETA ENANO Un planeta pequeño y esférico que no tiene masa ni gravedad suficiente para limpiar de escombros su trayecto alrededor del Sol.

PLANETA Un objeto esférico que orbita alrededor de una estrella y cuenta con la masa suficiente (a diferencia de un planeta enano) para despejar su trayectoria orbital de escombros.

PLANETESIMALES Pequeños objetos rocosos o helados que la gravedad une para formar planetas.

PLASMA Un estado de la materia en el que un gas se calienta tanto que sus átomos se dividen en partículas cargadas (iones).

POLO MAGNÉTICO El extremo norte o sur del campo magnético de un planeta o un extremo de un imán.

PROTOESTRELLA Una estrella en sus primeras etapas de formación, que se compone del centro de una nube que se ha desplomado que se está calentando y está creciendo al añadir la materia circundante.

PROTÓN Una partícula cargada positivamente que se encuentra en el núcleo (centro) de los átomos.

PROTUBERANCIA Un enorme bucle de plasma en forma de llama que eyecta la superficie del Sol.

PÚLSAR Una estrella de neutrones que envía pulsos de radiación a medida que gira.

RADAR El uso de ondas de radio y sus reflejos para detectar y estudiar objetos lejanos.

RADIACIÓN ULTRAVIOLETA Una forma invisible de luz que emite el Sol y que tiene una longitud de onda más corta que la luz visible, pero más larga que los rayos X.

RADIACIÓN Energía que libera un objeto ya sea en forma de ondas electromagnéticas (como la luz) o como partículas.

RADIOACTIVO Una sustancia radioactiva consta de átomos inestables que se desintegran y, al hacerlo, liberan una potente radiación.

RAYOS GAMMA La forma más potente de radiación electromagnética, con la longitud de onda más corta. Los rayos gamma los generan los objetos más energéticos del universo.

RAYOS X Radiación electromagnética con longitudes de onda más cortas que la radiación ultravioleta, pero más largas que los rayos gamma.

REENTRADA Cuando una nave espacial vuelve a entrar en la atmósfera de la Tierra desde el espacio.

ROSCOSMOS Agencia espacial nacional rusa.

RÓVER Un vehículo robótico con ruedas que se usa para explorar la superficie de un planeta o de una luna.

SATÉLITE Nave espacial puesta en órbita alrededor de la Tierra, o cualquier objeto que orbite alrededor de un planeta, estrella o galaxia.

SINGULARIDAD Un punto en el espacio en el que la gravedad comprime la materia en un espacio infinitamente pequeño. Las singularidades se encuentran en los agujeros negros.

SISTEMA DE MICROOBTURADORES Una red de 248 000 diminutos obturadores del telescopio espacial James Webb que se pueden abrir para recabar información de cientos de objetos distintos a la vista al mismo tiempo.

SISTEMA SOLAR El Sol y los planetas, las lunas y demás objetos que orbitan a su alrededor.

SONDA Una nave espacial no tripulada que está diseñada para explorar objetos en el espacio y transmitir información a la Tierra.

SUELO LUNAR Una gruesa capa de polvo y fragmentos de roca que cubre la superficie de la Luna.

SUPERFLUIDO Un tipo espacial de fluido que puede circular sin resistencia.

SUPERGIGANTE Una estrella enormemente grande y brillante.

SUPERNOVA Una explosión muy brillante que tiene lugar cuando muere una estrella masiva.

SUSTANCIA ORGÁNICA Una sustancia derivada de organismos vivos o un compuesto que contiene átomos de carbono.

TELESCOPIO Un instrumento que se utiliza para ampliar y visualizar objetos lejanos.

UNIVERSO Todo lo que hay en el espacio, incluyendo las estrellas, las nebulosas y las galaxias.

VÍA LÁCTEA El nombre de la galaxia que contiene nuestro sistema solar.

VIENTO ESTELAR Una corriente de partículas cargadas de una estrella. Al viento estelar del Sol se lo conoce como viento solar.

VIVERO DE ESTRELLAS Una zona en la que se están formando nuevas estrellas. También llamados viveros estelares, los viveros de estrellas suelen encontrarse en el interior de grandes nubes de gas y polvo (nebulosas).

VUELO DE RECONOCIMIENTO Cuando una nave espacial pasa volando junto a un planeta, cometa o asteroide sin aterrizar ni orbitar a su alrededor.

ZONA HABITABLE La zona de un sistema solar en la que el agua líquida puede existir en un planeta, haciendo que sea posible la vida.

Índice

El número de página en **negrita** indica entradas principales.

Agradecimientos

Dorling Kindersley quiere agradecer a las siguientes personas su ayuda en la preparación de este libro: a Steve Hoffman por la verificación de datos; a Jacqui Swan y Claire Watson por su apoyo en el diseño; a Stephen Johnson por el remuestreo de imágenes; a Steve Crozier por los retoques; a Katie John por la corrección; y a Carron Brown por el índice.

La editorial quiere dar las gracias a las siguientes personas y entidades por haber dado permiso para reproducir sus fotografías:

(Leyenda: a-arriba; b-bajo/debajo; c-centro; d-derecha; e-extremo; i-izquierda; s-superior)

1 NASA: ESA, N. Smith (U. California, Berkeley) et al., and The Hubble Heritage Team (STScI/AURA). **2-3 NASA**: ESA, CSA, STScI. **2 Alamy Stock Photo**: NASA/JPL-Caltech/SwRI/MSSS/Prateek Sarpal/Futuras Fotos (bd). **3 ESO**: (bi). **6-7 NASA**: Goddard/SDO. **8-9 Miloslav Druckmüller**. **10 NASA**: Johns Hopkins APL/Naval Research Laboratory/Guillermo Stenborg y Brendan Gallagher (cib). **10-11 ESA**: NASA/Johns Hopkins APL/Steve Gribben. **11 NASA**: Johns Hopkins APL/Ben Smith (bd). **12-13 Science Photo Library**: GODDARD SPACE FLIGHT CENTER SCIENTIFIC VISUALIZATION STUDIO, EL SDO SCIENCE TEAM Y EL VIRTUAL SOLAR OBSERVATORY DE LA NASA. **14 NASA**: Johns Hopkins University Applied Physics Laboratory/Carnegie Institution of Washington (si). **14-15 NASA**: Johns Hopkins University Applied Physics Laboratory/Carnegie Institution of Washington. **16-17 NASA**: Johns Hopkins University Applied Physics Laboratory/Arizona State University/Carnegie Institution of Washington. Imagen reproducida por cortesía de <i>Science</i>/AAAS. **18-19 123RF.com**: Natalia Romanova (fondo). **ESA**: ATG medialab. **Science Photo Library**: Agencia Espacial Europea /ATG Medialab (b). **18 NASA**: Johns Hopkins University Applied Physics Laboratory/Carnegie Institution of Washington (bi). **19 123RF.com**: Ricard Vaque (www.vaque.com) (bd/pizarra). **NASA**: (cdb). **20 NASA**: JPL (si). **20-21 Kevin M. Gill**: (c). **21 ESO**: NASA (bd). **22-23 Science Photo Library**: NASA. **24-25 Alamy Stock Photo**: UPI Photo/NASA. **26 Alamy Stock Photo**: Science History Images/Photo Researchers (sc). **naturepl.com**: Tui De Roy (c). **Shutterstock.com**: Alex Brylov (bc); ikumaru (cib). **26-27 Getty Images/iStock**: E+/guenterguni (sc). **Shutterstock.com**: sasha_gerasimov (cb). **27 naturepl.com**: Maxime Aliaga (d). **28-29 NASA**: Goddard MODIS Rapid Response Team. **30-31 Biosphoto**: Christophe Suarez. **31 123RF.com**: swavo (ebd). **NASA**: (bc); JPL/STScI (bi). **Science Photo Library**: NASA/ESA/STSCI (ebi). **Shutterstock.com**: Paniti Alapon (bd). **32-33 NASA**. **33 Alamy Stock Photo**: NASA (bc). **34-35 ESA**: NASA-S. Cristoforetti/R. Rossi. **36-37 Andrew McCarthy**: (c). **36 Getty Images**: Future/All About Space Magazine/Illustration by Tobias Roetsch (si). **38-39 Science Photo Library**: Lynette Cook. **40 Alamy Stock Photo**: Dipper Historic (bi). **Dreamstime.com**: Bruno Metal (cia). **NASA**: (bd). **Science Photo Library**: Carlos Clarivan (ci, cib). **40-41 NASA**. **42-43 ESA**: NASA. **44 Dreamstime.com**: Matthew Trommer/Mtrommer (esi). **NASA**: Joel Kowsky (si). **44-45 ESA**: NASA. **45 Alamy Stock Photo**: NASA (cb). Dreamstime.com: Zaur Rahimov (sd). **Science Photo Library**: Agencia Espacial Europea - D. Ducros (cd). **46-47 ESA**: DLR/FU Berlin/G. Michael. **48-49 NASA**: JPL-Caltech/University of Arizona/NASA Goddard Space Flight Center. **50-51 ESA**: DLR/FU Berlin (G. Neukum) (c). **NASA**: JPL-Caltech/Cornell/ASU (b). **50 Andrea Luck**: creativecommons.org/licenses/by/4.0/deed.en (si). **51 NASA**: DLR/FU Berlin/Bill Dunford (si); JPL/Cornell (sd). **Science Photo Library**: NASA/JPL/University Of Arizona (bd). **52-53 ESA**: DLR/FU Berlin. **54-55 Dreamstime.com**: Fukume. **55 NASA**: ESA/DLR/FU-Berlin/JPL-Caltech (cb); JPL-Caltech/ASU (si, bd). **56-57 NASA**: JPL-Caltech/UCLA/MPS/DLR/IDA. **57 NASA**: JPL-Caltech/UCLA/MPS/DLR/IDA/PSI (sd). **58 ESO**: JAXA (cda). **Getty Images**: Hulton Archive/NASA/Stringer (si). **58-59 Getty Images**: NASA/JPL-Caltec/Handout (b). **59 Alamy Stock Photo**: JAXA via AP (bd). **NASA**: JPL/USGS (si, cda). **60 Alamy Stock Photo**: Susan E. Degginger (esi). **Dreamstime.com**: Adwo (sc). **Shutterstock.com**: Muellek (si). **60-61 Bridgeman Images**: Christie's Images. **62-63 Science Photo Library**: Herve Conge, ISM. **64-65 123RF.com**: Natalia Romanova. **University of Arizona**: NASA Goddard Space Flight Center (c). **64 NASA**: Goddard/University of Arizona (bi). **65 NASA**: (bd); Keegan Barber (cda); Erika Blumenfeld & Joseph Aebersold (cd). **66-67 Alamy Stock Photo**: NASA/JPL-Caltech/SwRI/MSSS/Prateek Sarpal/Futuras Fotos. **67 Getty Images/iStock**: lushik (bd). **68-69 Kevin M. Gill**. **70 NASA**: JPL/University of Arizona (si, ca); JPL/DLR (sc). **70-71 NASA**: JPL-Caltech/SwRI/MSSS/Thomas Thomopoulos (bc); JPL/University of Arizona (s). **71 NASA**: JPL-Caltech/SwRI/MSSS/Thomas Thomopoulos (ca); JPL/DLR (bc); JPL/University of Arizona (sd). **72-73 NASA**: JPL. **73 NASA**: JPL-Caltech/SSI/Hampton University (sc); JPL-Caltech/Space Science Institute (cd). **74-75 NASA**: JPL-Caltech/SSI. **76 NASA**: JPL/Space Science Institute (ci, cd, bc). **76-77 NASA**: JPL-Caltech/Space Science Institute (bc). **77 Alamy Stock Photo**: NASA Image Collection (bd). **NASA**: JPL-Caltech/Space Science Institute (si, bc); JPL/Space Science Institute (cd); JPL/University of Arizona/University of Idaho (ci). **78-79 123RF.com**: Natalia Romanova. **78 Dreamstime.com**: Alona Stepaniuk (ci). ESA: (bi). 79 ESA: (bi). **80-81 NASA**: JPL-Caltech. **81 ESA**: NASA, CSA, STScI (bi). **University of Leicester**: (cdb). **82-83 NASA**: JPL/Voyager 2. **83 Dreamstime.com**: Wektorygrafika (br). ESA: NASA/CSA y STScI (tc). **84-85 Alamy Stock Photo**: NASA/digitaleye/J Marshall - Tribaleye Images. **86 123RF.com**: solarseven (bd). **86-87 Science Photo Library**: Rev. Ronald Royer. **87 ESO**: E. Slawik (bi). **Getty Images**: 500px/Jim Miller (bd). **88-89 123RF.com**: Natalia Romanova (fondo). **ESA**: –C. Carreau/ATG medialab. **89 NASA**: Rosetta/Philae/CIVA (bd). **90 NASA**: Johns Hopkins University Applied Physics Laboratory/Southwest Research Institute (si). **90-91 NASA**: Johns Hopkins University Applied Physics Laboratory/Southwest Research Institute. **91 NASA**: Johns Hopkins University Applied Physics Laboratory/Southwest Research Institute (cda, cd, cb). **92 123RF.com**: martialred (bi). **Dreamstime.com**: Alexoakenman (cib/cohete); Stockvectorwin (cib). **92-93 NASA**: S. Beckwith (STScI) Hubble Heritage Team, (STScI/AURA), ESA. **94-95 Rachel Roberts**. **96 Alamy Stock Photo**: NASA Image Collection (DAFNE). **ESA/Hubble**: ESA, the Hubble Heritage Team (I/AURA)-ESA/Hubble Collaboration y A. Evans (Univer (ARP 148). **NASA**: JPL-Caltech/SwRI/MSSS/Thomas Thomopoulos (EUROPA); JPL/University of Arizona (ÍO); JPL/DLR (Calisto, Ganímedes); JPL/Space Science Institute (ENCÉLADO, DIONE, HIPERIÓN, JÁPETO); JPL/University of Arizona/University of Idaho (TITÁN); JPL-Caltech/Space Science Institute (FEBE, Pan, MIMAS); ESA, CSA, STScI, Webb ERO Production Team (Tarántula, Carro); ESA, the Hubble Heritage (STScI/AURA)-ESA/Hubble Collaboration y A. Evans (University of Virginia, Charlottesville/NRAO/Stony Brook University) (ESO 593-8). **97 Alamy Stock Photo**: NASA/digitaleye/J Marshall - Tribaleye Images (Plutón). **ESO**: Event Horizon Telescope Consortium (M87). **98-99 NASA**: ESA, CSA, STScI. **99 123RF.com**: swavo (cdb). **Alamy Stock Photo**: Science Photo Library/Mark Garlick (bc). **Dreamstime.com**: DreamStockIcons (cdb/Vía láctea). **100-101 NASA**: ESA, CSA, Leah Hustak (STScI). **102-103 123RF.com**: Natalia Romanova. **102 TurboSquid**: EGPJET3D (sc, sd, bd, si). **103 Dreamstime.com**: Sergey Shvedov (bd). **TurboSquid**: EGPJET3D (si, sc, c, cib). **104-105 NASA**: Desiree Stover. **106 NASA**: ESA, CSA, STScI, Webb ERO Production Team (si, bi); ESA, CSA, STScI, Klaus Pontoppidan (NASA-JPL), Joel Green (STScI) (bd). **106-107 NASA**: ESA, CSA, STScI (s). **107 ESA**: NASA, CSA, STScI y K. Luhman (Penn State University) and C. Alves de Oliveira (Agencia Espacial Europea) (sd). **NASA**: ESA, CSA, STScI (sc); ESA, CSA, STScI, Danny Milisavljevic (Purdue University), Ilse De Looze (UGent), Tea Temim (Princeton University) (bi). **108 Alamy Stock Photo**: Science History Images/Photo Researchers (cia). **NASA**: ESA, N. Smith (University of California, Berkeley) y The Hubble Heritage Team (STScI/AURA); (bc); James Gitlin/STScI (cib). **108-109 ESA/Hubble**: NASA, N. Smith (University of Arizona, Tucson) y J. Morse (BoldlyGo Institute, New York). **110-111 ESA/Hubble**: NASA, the Hubble Heritage Team (AURA/STScI). **NASA**: ESA y Z. Levay (STScI) (b). **112-113 ESA**: NASA, CSA, STScI, K. Pontoppidan (STScI), A. Pagan (STScI). **113 Antoine Grelin - www.galactic-hunter.com/**: (bc/Complejo de nubes). **ESA**: NASA, CSA, STScI, K. Pontoppidan (STScI), A. Pagan (STScI) (bc). **ESO**: NASA/ESA (bd); S. Guisard (www.eso.org/~sguisard) (bi). **114-115 ESA**: NASA, CSA, STScI; J. DePasquale, A. Koekemoer, A. Pagan (STScI). **116-117 ESO**. **118 ESA/Hubble**: NASA, Dan Maoz (Tel-Aviv University, Israel y Columbia University, USA) (si). 118-119 123RF.com: Natalia Romanova (fondo). **Dorling Kindersley**: Andy Crawford. **119 ESA/Hubble**: NASA (cd). Getty Images: Pat Gaines (bd). **NASA**: ESA y G. Bacon (STScI) (cda); ESA, H. Teplitz (IPAC, Caltech), M. Rafelski (IPAC, Caltech), Anton M. Koekemoer (STScI), Rogier Windhorst (ASU), Zolt G. Levay (STScI) (cdb). **120-121 NASA**. **122-123 NASA**: ESA, CSA, STScI, Tea Temim (Princeton University). **122 Alamy Stock Photo**: World History Archive (cib). **NASA**: CXC/HST/ASU/J. Hester et al.; (sc). **124-125 ESA**: Webb, NASA, CSA, T. Ray (Dublin Institute for Advanced Studies). **124 ESA**: Webb, NASA, CSA, T. Ray (Dublin Institute for Advanced Studies) (bi). **126-127 NASA**: ESA y the Hubble Heritage Team (STScI/AURA). **127 Alamy Stock Photo**: Steven Milne (sc). **128-129 ESA**: NASA, CSA, J. DePasquale (STScI). **129 123RF.com**: swavo (cdb). **130 NASA**: ESA (b). **130-131 NASA**: NASA's Goddard Space Flight Center/Francis Reddy (s). **131 NASA**: Ames/SETI Institute/JPL-Caltech (bi); ESA (cd/x2). **132-133 ESA/Hubble**: NASA, R. Cohen. **133 ESO**: (cdb). **Science Photo Library**: Mark Garlick (bd). **134-135 Dr. Mehmet Hakan ÖZSARA**. **136 Alamy Stock Photo**: Science History Images/Photo Researchers (sc); Mark Garlick/Science Photo Library (bi). **Dreamstime.com**: Ljubisa Sujica (cib). **136-137 ESA/Hubble**: NASA, M. Robberto (Space Telescope Science Institute/ESA) y the Hubble Space Telescope Orion Treasury Project Team. **138-139 Alamy Stock Photo**: Ken Crawford/Stocktrek Images. **139 Alamy Stock Photo**: History and Art Collection (cdb). **Dreamstime.com**: Alexandr Yurtchenko (bc). **Science Photo Library**: Robert Gendler (bd). **140 Alamy Stock Photo**: NG Images (cib/ELÍPTICA); Science History Images (cib). **ESA/Hubble**: NASA (cib/BIPOLAR). **140-141 NASA**: ESA/Webb, CSA, M. Barlow (UCL), N. Cox (ACRI-ST), R. Wesson (Cardiff University). **142-143 NASA**: ESA y the Hubble SM4 ERO Team. **142 ESA/Hubble**: NASA (cib). **NASA**: H.E. Bond y E. Nelan (Space Telescope Science Institute, Baltimore, Md.); M. Barstow y M. Burleigh (University of Leicester, U.K.); y J.B. Holberg (University of Arizona) (bd). **144-145 NASA**: ESA, CSA, STScI. **144 NASA**: CXC/SAO; IR (Spitzer)/JPL-Caltech; IR (Webb)/ESA/CSA/STScI (sc). **Shutterstock.com**: Cinefootage Visuals (ci); Yavier Mendoza (cib). **146 ESA/Hubble:** NASA, the Hubble Heritage Team (STScI/AURA)-ESA/Hubble Collaboration y A. Evans (University of Virginia, Charlottesville/NRAO/Stony Brook University) (cda); NASA, ESA, the Hubble Heritage Team (STScI/AURA)-ESA/Hubble Collaboration y A. Evans (University of Virginia, Charlottesville/NRAO/Stony Brook University) (bi). **NASA**: ESA, the Hubble Heritage (STScI/AURA)-ESA/Hubble Collaboration y A. Evans (University of Virginia, Charlottesville/NRAO/Stony Brook University) (si). **147 ESA/Hubble**: ESA, the Hubble Heritage Team (STScI/AURA)-ESA/Hubble Collaboration y A. Evans (Univer (bd). **NASA**: ESA, the Hubble Heritage (STScI/AURA)-ESA/Hubble Collaboration, and A. Evans (University of Virginia, Charlottesville/NRAO/Stony Brook University) (si); ESA, the Hubble Heritage (STScI/AURA)-ESA/Hubble Collaboration y K. Noll (STScI) (sd); ESA y Z. Levay (STScI) (bi). **148-149 NASA**: ESA, S. Beckwith (STScI) y The Hubble Heritage Team (STScI/AURA). **148 NASA**: Robert P. Kirshner/Harvard-Smithsonian Center for Astrophysics, (bd). **149 123RF.com:** swavo (cdb). **150 Dreamstime.com**: Archangel80889 (cb/nube). **Getty Images/iStock**: rvika (bc). **Max Planck Institute of Radioastronomy**: Mark Myers/OzGrav-Swinburne, licence CC BY-NC-ND, Creado con UniverseSandbox (ci). **Shutterstock.com**: Gilbert - Illustration (cb). **151 Carnegie Institution for Science**: Robin Dienel/Carnegie Science. **152 ESO**: Event Horizon Telescope Consortium (bd, bc). **152-153 Science Photo Library**: Alfred Pasieka. **153 ESO**: Event Horizon Telescope Consortium (sd). **Science Photo Library**: Mark Garlick (bc)

Imágenes de las cubiertas: *Frontal:* **ESA/Hubble**: NASA, N. Smith (University of Arizona, Tucson) y J. Morse (BoldlyGo Institute, New York) bc; **NASA**: ESA, Massimo Robberto (STScI, ESA), Hubble Space Telescope Orion Treasury Project Team si, ESA, N. Smith (U. California, Berkeley) et al. y The Hubble Heritage Team (STScI/AURA) bi; **Dr. Mehmet Hakan ÖZSARA**: c; **Shutterstock.com**: Dima Zel sd; *Contracubierta:* **123RF.com**: Natalia Romanova cd/ (fondo), bi/ (fondo); **Alamy Stock Photo**: Steven Milne bc, NASA/JPL-Caltech/SwRI/MSSS/Prateek Sarpal/Futuras Fotos ci; **Dorling Kindersley**: Andy Crawford cd; **ESO**: sc; **NASA**: Johns Hopkins University Applied Physics Laboratory/Arizona State University/Carnegie Institution of Washington. Imagen reproducida por cortesía de <i>Science</i>/AAAS. cda, JPL/Space Science Institutesi